面倒なことしない！

野菜をすんごくおいしく食べるレシピ

元気ママ

JN048497

はじめに

こんにちは！元気ママです。
緑に囲まれた熊本の地で料理教室をやっています。

私のキッチンからいろんなことを発信していきたい…
という想いから付けた教室名は『FROM MAMA'S KITCHEN』。
『元気ママ』という愛称もその頃から呼ばれています。

16年前に東京から越してきて、右も左も分からない熊本。
しかも私が住んでる場所は駅やバス停にも歩いて行けない不便な場所。
『果たして生徒さんは来てくれるのかな～?』と不安も多かったのですが、
気付けば800名を超える生徒さんが来て下さいました。

教室スタート時は少しおしゃれで都会っぽい料理をご紹介していたのですが、
生徒さんたちの話を聞いているうちに、本当に皆さんが望んでいるものは、
簡単でおいしくて、ずっと作り続けたくなるような家庭料理なんだ！
ということに気付かされました。
そして野菜中心の家庭料理へ急きょ路線変更！

生徒さんたちは料理が得意な方ばかりではないので、
まずはお料理苦手さんにも目線を合わせ、
簡単で、健康的で、何度も食べたくなる家庭料理のレシピを考える日々。
簡単にするためできるだけ手順を削り、仕上がりは感動するほどおいしいものを…！と。

2人の息子たちも小さかったので、子育てに追われながら奮闘の日々でした。
毎日毎日買い出しと試作。
うちの家族はレシピの失敗作を食べるほうが多かったかも (笑)。

でも、生徒さんたちが言ってくださるんです。
『ここに来ると、家族においしくて健康的なものを作ってあげられる！』
『食事作りが苦しい時、ここで元気とやる気をもらえるんです』

『ここでおいしいものを食べると心がポカポカになる。今夜は私が家族の心をポカポカにします！』
そんな言葉が私のやる気と元気の素でもありました。

子育て中や働く主婦の方が多かったので、
私はどんどん彼女たちから情報収集し、どんなものが喜ばれるのか徹底的に研究しました。
もしかしたら日本一、生徒さんの食の悩みを聞いている料理家かもしれません（笑）。
なので私のレシピは『先生たすけて〜〜』という忙しい女性たちの声からできたレシピがほとんどです。
その中でも特に喜ばれたのが野菜を使ったレシピ。

私のレシピは野菜をええ〜〜〜？っていうくらいふんだんに使います！
最初は目をまん丸にしていた生徒さんも多かったですが、
野菜ってちょこっと使うよりも大胆に使ったほうがおいしいし健康的。
中でも野菜をがっつり使ってるのに子供がパクパク食べてくれるような料理は、
子育てママたちが本当に喜んでくれるんです。

子供の受験や親の介護、コロナの影響もあり自宅レッスンがなかなか開催できなくなりました。
そこで挑戦したのがYouTube。53歳の挑戦でした。
私の動画を見てくださり、料理を作ってくださった方々から、
毎日のように嬉しいコメントが届きます。
形こそ変わりましたが、今後も野菜をふんだんに使ったおいしいレシピをお届けしていこうと思います。
もちろん、いつの日かまた料理教室を再開できる日を思いながら。
私の野菜レシピで皆さまの食事作りが少しでも楽に、そして健康的になりますように。

元気ママ流！
野菜をすんごくおいしく
食べるためには…

野菜の食べ方の
意識を変えましょう！

野菜にはたくさんの力があります。
なので、毎日野菜を食べて欲しい。
でも、毎日毎食、栄養バッチリな食事なんて作れません！(私も無理)

朝ごはん、お弁当、昼ごはん、
夕ごはん、塾弁、夜食…
毎日の食事作りって本当に過酷な仕事です。
だから、疲れた時は手を抜いてもいいと思う。

『体は食べたものでできている』ということを意識していれば、
例えば休日のランチに家族でラーメンを食べたって、
夜には野菜の料理を出せばいいし、
その日が無理なら次の日にたっぷり野菜料理を作ればいい。
1日トータル、それが難しい時は2日トータルで考えればいい。
食べられる時にしっかり食べて、体の中も帳尻合わせしましょう！

野菜のうまみや
甘みを引き出す方法、
教えます

炒め方や洗い方をちょっと工夫するだけで、
野菜の味は大きく変わります!

たとえば野菜は触らずじっくり炒めることで
甘みやうまみが増します。
また、50度のお湯で洗うだけでも
食感や味がよくなるんです!

おいしくなるポイントは
レシピページに入れましたので、
参考にして
作ってみてくださいね!

そうは言っても、毎日の食事を作るだけで力尽きてしまう…も解決！

そんな時は…
材料3つ以下でできるメインおかずと、

レシピは**P15**の第1章へ！

あっという間＆ほったらかし
副菜レシピがおすすめ！

レシピは**P45**の第2章へ！

冷蔵庫の食材が少なくても、
調理時間がそんなになくても、
野菜を無理なく食べられますよ

調理方法も絶対に
ラクしたもの勝ち！

メンチカツは一個ずつ形成せず
大皿にまとめて作ったり、
餃子はぺたんと半分に折るだけで
ひだを丁寧に作らなくていいんですよ〜

レシピは**P71**の第3章へ！

せっかく野菜を食べるなら、
時には楽しく
パーティーメニューで
彩り豊かに！

混ぜるだけ、火を通すだけ、の
野菜たっぷりご馳走メニューを
みんなでワイワイ楽しみましょう！

レシピは**P91**の第4章へ！

もう今日は
何もしたくない…
そんな日の
最後の手段はスープに！

野菜をたっぷりことこと煮込むだけで、
栄養満点の立派なメインメニューに！

レシピは**P113**の第5章へ！

CONTENTS

第1章

材料3つ以下でできる！
肉×野菜のメインおかず

第2章

作る時間がなくても大丈夫！
あっという間&
ほったらかし副菜レシピ

元気ママの野菜ドレッシング

第4章

映えだって重要！
彩り豊かな取り分けパーティーレシピ

第3章

一気にまとめて作れる！
楽チン大皿レシピ

元気ママの野菜ダレレシピ

第5章

この一杯で栄養摂取！
野菜たっぷり！
スープ＆みそ汁レシピ

元気ママの
ライフスタイルコラム

元気ママ流！ 野菜コラム

STAFF

デザイン
三木俊一＋髙見朋子（文京図案室）

撮影
下曽山弓子（ミニマムブロックス）

スタイリング
宮沢史絵

調理協力
桂里美　下村幸美
須田文代　平田智恵子

編集協力
須川奈津江

DTP
東京カラーフォト・プロセス

校正
麦秋アートセンター

編集
藤村容子

元気ママ流!
使用調味料のご紹介

私が普段使っている調味料を料理教室で生徒さんに紹介すると、近隣のお店で売り切れてしまうことがしょっちゅう！少しこだわるだけで、料理がグンとおいしくなりますよ。

オリーブオイル

調理に使う油はサラダ油でもおいしく作れますが、体によくて風味がよいオリーブオイルが元気ママの定番！サラダ油と書いてあるレシピでも、家にあればぜひ使ってみて！

砂糖・塩

砂糖は上白糖ではなく、きび砂糖や三温糖がおすすめ。まろやかな仕上がりになります。塩は、一般的な塩よりも粒が小さく、均一に食材にふりかけられる焼き塩をよく使います。

酢・しょうゆ・みりん

ちょっと上級者向け！生徒さんにおすすめを聞かれたら、間違いなく「京酢 加茂千鳥」（村山造酢）、「純正醤油こいくち」（丸島醤油）、「三州三河みりん」（角谷文治郎商店）をご紹介します。

あると便利！

ナンプラー

手軽にアジア料理の風味が出せ、よく使います。100円ショップでも買えます！

使用レシピ 大根と豚バラのアジア風炒め（P30）、小松菜とじゃこのナンプラー炒め（P62）、ぺったんこ餃子（P72）ほか

ハーブソルト

塩にハーブやスパイスをブレンドした調味塩。ひとふりで簡単に深みのある味に！

使用レシピ お手軽ポテトグラタン（P78）、ごちそうサラダ（P102）、とろとろ白菜のミルクスープ（P118）

顆粒昆布だし

煮物や炒め物にふりかけるだけで、あっという間に和風味を出せるお手軽アイテム。

使用レシピ 最強の無限ピーマン（P47）、なすのオリーブオイル煮込み（P51）、大根餅（P55）ほか

煮干し粉

第5章のみそ汁レシピに登場する煮干し粉は、煮干しを煮出す手間なくだしが作れる優れもの。

鍋に煮干し粉を入れ、中火で香ばしい香りがするまで煎りましょう。ここに水を入れてひと煮たちさせれば、だしの完成！

この本の表記について

・調味料等の分量は、工程内に記載しています。

・大さじ1は15㎖、小さじ1は5㎖です。ひとつまみは親指、人さし指、中指の3本の指、少々は親指と人さし指の2本の指でつまんだ量が目安ですが、個人差があるので味を見ながら調整して下さい。

・しょうが、にんにくの1かけの目安は、親指の第一関節くらいの大きさです。

・野菜は水洗いし、作り方に表示がなければ皮をむき、種やヘタを取り除いて調理して下さい。

・火加減の表記がない場合は中火で調理して下さい。

・保存期限は目安です。季節や冷蔵庫の環境、ご家庭の保存状態などで傷み方は変わるため、食べる前によく確認して下さい。

・電子レンジの加熱時間は600Wを基準にしています。機種によって加熱具合に差があるため、使用する電子レンジに合わせて加熱時間を調節して下さい。

第1章

材料3つ以下でできる！
肉×野菜の
メインおかず

野菜レシピだからといって、満足感がなければ
毎日の食事で食べるメインおかずにはなりません。
やっぱり必要なのは肉&魚！
しかも3つ以下の食材でできるから、
家にある材料で作れちゃいます。最高の組み合わせで、
さらに野菜もたっぷり食べられる、
絶品おかずを召し上がれ！

付け合わせが主役級においしく変身！
皮がパリッパリのチキンソテーと
肉のうまみたっぷりにんじんグリル

付け合わせの野菜なんて…と簡単に考えがちですが、肉のうまみを吸わせて
こんがり焼き付けると、バツグンにおいしい！
フライパンひとつでできるこの技を覚えておけば、いろんな野菜で応用できます。

材料（2人分）

鶏もも肉……大1枚（余分な脂を取る、身の厚い部分に切り込みを入れると、火が通りやすくなる）

にんじん……1本（皮付きのまま大きめの乱切り）

塩　サラダ油

> **かわりの野菜は？**
>
> にんじんのかわりに、じゃがいもやブロッコリーを添えても。にんじんと同様に、鶏肉から出た脂でじっくり焼くことで、おいしくなります。

作り方

1

鶏肉とにんじんを焼く

鶏肉全体に塩小さじ1/2をふる。フライパンを軽く温め、油小さじ1を入れる。鶏肉の皮目を下にして入れ、そのまわりににんじんを入れて塩少々をふる。

POINT

にんじんは鶏肉の脂で、焼き色が付くまであまり触らずに火を通しましょう。

2

最初にヘラでぎゅっと押さえ、皮を伸ばす。鶏肉の皮面を中弱火で8分焼く。鶏肉から脂が大量に出るので、適度にキッチンペーパーなどで拭き取る。

3

鶏肉にじっくり火を通す

皮がパリパリになったら肉を返す。にんじんも焼き目が付いたら返す。弱火で2分焼き、火を止めてさらに2分余熱で火を通す。

17

オイル蒸しキャベツのうまさに箸が止まらない!

〜〜〜〜〜〜〜〜〜〜〜〜〜〜〜〜〜〜〜〜

鶏もも肉とどっさりキャベツ炒め

肉の上でキャベツをオイル蒸しにするひと手間で、
キャベツが主役のおいしさに!いくらでも食べられちゃいます。
だまされたと思って、ぜひやってみて!

材料（2人分）

鶏もも肉ぶつ切り（唐揚げ用）……250g
（余分な脂を取る）

キャベツ……大1/4個（ざく切り）

片栗粉　顆粒コンソメ　白ワイン

塩　黒こしょう　オリーブ油

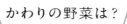

かわりの野菜は？

チンゲン菜や白菜など、家にある葉物野菜で
OK！ 野菜の種類やその日の気分によって、コ
ンソメを顆粒和風だしや鶏がらスープの素にし
てもおいしくできます。

作り方

POINT
鶏肉の上にキャベ
ツをどっさりのせ
て蒸し焼きに！
甘みとうまみが最
高のレシピです。

1 鶏肉を焼く

鶏肉に塩、黒こしょう各少々と片
栗粉小さじ1をまぶす。大きめの
フライパンに油大さじ1を熱し、
鶏肉を皮目から強めの中火で焼
く。

3 蒸し焼きにする

コンソメ小さじ1/2と塩少々を
ふり、白ワイン大さじ2と油大さ
じ1を回しかけ、中弱火に。蓋を
して5分ほど蒸し焼きにする。蓋
を取り、全体をからめながらさら
に炒める。

2 キャベツを加える

鶏肉の皮にこんがりと焼き色が
ついたら、裏返してキッチンペー
パーで余分な脂を拭き取る。鶏
肉の上にキャベツをのせる。

鶏肉から出ただしがじゅんわり染みる

ほっこり大根と鶏塩のおでん

材料3品で作る、シンプルなおでん。
鶏肉に仕込んだ塩もたっぷり染み出た、滋味深いスープを楽しんで！
もちろん好きなおでんの具を追加してもOKです。

材料（4人分）

鶏もも肉……大1枚（350g）（余分な脂を取る）
大根……1/2本（皮をむいて1.5cm幅の輪切り）
ちくわ……大2本（斜め半分に切る）
鶏がらスープの素　酒
塩

かわりの野菜は？

にんじんやじゃがいもでもOK。電子レンジで加熱してから煮るので、根菜でも短時間でしっかり味が染み込みます。餅入り巾着や結びこんにゃくを入れても！

作り方

1
大根を加熱

鶏肉は大きめに切り、塩小さじ1/2をまぶす。大根は耐熱容器に入れ、ふんわりラップをして電子レンジで6～8分加熱する。

POINT
大根は先に加熱しておくことで、20分程度の時短になりますよ！

2
大根を煮込む

鍋に水800㎖、大根を入れて火にかける。沸騰するまで待つ。

3
残りの具材も煮込む

鶏肉、ちくわ、鶏がらスープの素小さじ2、酒50㎖、塩小さじ1/2を入れる。再度沸騰したらアクを取り、少しずらして蓋をして弱火で10分ほど煮込む。味を見て塩で味をととのえる。

こってり味に野菜をからめていただきます！

胃袋をつかむ最高のしょうが焼き

こってり味のポイントになるのは、みりんとしょうゆを合わせたタレ！
多めに作ってストックしておけば、照り焼きや煮物にも使える
優れものです。たっぷりキャベツとともにかきこんで！

材料（2人分）

豚バラ肉（しゃぶしゃぶ用）⋯⋯250g
キャベツ⋯⋯1/3個（せん切り）
しょうが⋯⋯2かけ（みじん切り）

タレ みりん⋯⋯大さじ1と1/2
しょうゆ⋯⋯大さじ1と1/2

片栗粉　黒こしょう

かわりの野菜は？

しょうが焼きとキャベツの相性は最強ですが、
かわりにせん切りレタスや豆苗でも！　さっと
湯通しすると、たくさん食べられますよ。

作り方

POINT
豚肉に火が通った
あとに片栗粉をふ
ることで、油っぽく
仕上がるのを防げ
ます！

1
豚肉を焼く

熱したフライパンに油はひかず
に豚肉を広げ入れて焼く。豚肉
に火が通り、脂が出てきたらキッ
チンペーパーで軽く拭き取る。

2
片栗粉をまぶす

1に片栗粉小さじ1をふる。みり
んとしょうゆを混ぜ合わせ、タレ
を作っておく。

3
全体を炒める

全体を混ぜ合わせたら、しょうが
を加え、**2**のタレを味を見ながら
回しかける。黒こしょう少々をふ
り全体を大きく混ぜる。キャベツ
とともに皿に盛り、お好みでマヨ
ネーズを添える。

なすに豚バラ肉のうまみが染み込む！

なすの豚バラ巻き巻き

なす＋豚バラ肉の相性は最強！
一口サイズでいくらでも食べられちゃうので、
なすが旬な時期にたくさん作るのもおすすめです。

材料 (2人分)

豚バラ肉 (しゃぶしゃぶ用) ……なすの輪切りの枚数
なす……1本 (1cm幅の輪切り) (さっと水に浸す)
塩　こしょう　サラダ油

かわりの野菜は?

豚バラは野菜との相性◎。なすのかわりに、アスパラやズッキーニ、ししとうやきのこ類のほか、にんじん、ごぼうなどの根菜もおすすめです。

作り方

1 なすに豚肉を巻く

なすを豚肉で巻き、塩、こしょう各少々をふる。

POINT
なすは輪切りではなく縦に切って肉を巻きつけてもOKです。

2 なすと豚肉を焼く

フライパンを熱して油少々をひき、**1**を並べ入れ両面を焼く。

3 蒸し焼きにする

蓋をして弱火でさらに5〜6分焼いたら蓋を取って水気を飛ばし、こんがり両面を焼く。余分な脂は拭き取り、お好みで水菜とともに盛る。

シャキシャキ水菜と豚肉がさっぱり合う！
豚バラ肉と水菜のシャキうまパスタ

水漬けスパゲッテイは、茹でる時間を時短できる便利な技。ぜひ活用して！
熱々のパスタの余熱で水菜にほんのり火を通して、
シャキうまで食べられる絶品パスタです。

材料（1人分）

豚バラ肉（しゃぶしゃぶ用）……100g
水菜の葉の部分……1/4束（3～4cm長さのざく切り）
スパゲッティ（1.4～1.6mm）……100g
だししょうゆ、または麺つゆ（2倍濃縮）
塩　オリーブ油　白すりごま　ゆずこしょう（あれば）

元気ママ流！ 水漬け冷凍パスタ

バットなどにスパゲッティ100gとひたひたの水を入れ、最低2時間置き、水気を切ります。これをラップで包んで冷凍しておくと、ゆで時間が2～3分に短縮できる常備パスタとして使えます。便利でおいしい時短裏ワザ！

かわりの野菜は？

水菜のかわりにベビーリーフや春菊の葉の部分など、生でそのまま食べられる野菜を使っても。温かい豚バラ肉とからまっておいしく食べられます。

作り方

1
スパゲッティをゆでる

1ℓの湯に塩小さじ2を入れ、スパゲッティを表示の時間どおりにゆでる。上記で紹介する水漬け冷凍パスタだと、ゆで時間短縮に！

POINT
水菜はパスタをゆでている間に洗っておき、水気を切って盛りましょう。

3
盛り付ける

皿にパスタを盛り、水菜と豚肉をのせたら、だししょうゆ小さじ1、油大さじ1をかけ、白すりごま少々をふりかける。あればゆずこしょうを添える。

2
豚肉をゆでる

別の鍋に湯を沸かして塩少々を入れ、豚肉をゆでてざるにあげておく。

熱々のうちに混ぜていただきます！
リピート必至！焼きしゃぶサラダ

リーフレタス一束をぺろりと食べてしまえるメイン感覚のボリュームサラダ。
熱々の肉を混ぜ込むことで、全体に味が馴染んで食べやすくなります。
コクのあるポン酢ダレも万能です。

材料（4人分）

豚バラ肉（しゃぶしゃぶ用）……250～300g
リーフレタス……1束（食べやすい大きさにちぎる）
かいわれ大根……1パック（根を切る）

A | ポン酢……大さじ4
　　 | ごま油……大さじ1
　　 | 白すりごま……大さじ2
　　 | ゆずこしょう（あれば）……小さじ1/3

かわりの野菜は？

リーフレタスのかわりにたっぷりの水菜で作ってもOKです。きゅうり、ミニトマト、セロリ、大葉などお好みで追加して下さいね。

作り方

1

野菜を混ぜる

野菜は大きめのボウルに入れ全体を混ぜ合わせる。**A**は合わせておく。

POINT
野菜から水分が出てしまうので、豚肉と野菜は食べる直前に食卓であえるといいです。

2

豚肉を焼く

熱したフライパンに豚肉を入れ、中火でじっくりと炒める。肉におよそ火が通ったら、**A**を入れて全体を炒め合わせる。

3

さっと混ぜる

野菜の入ったボウルに**2**を入れ、食卓で全体をさっと混ぜる。

大根のシャキッと感がほどよく残ります

大根と豚バラのアジア風炒め

どんな味付けにも対応してくれる大根。今回はアジア風にしましたが、
もちろん甘辛の和風や、中華風も合いますよ。
火を通しても歯ごたえバツグンな驚きの食感を楽しんで！

材料（2人分）

豚バラ肉（しゃぶしゃぶ用）……150g
大根……1/4本（皮付きのまま4〜5cm長さの細切り）
大根の葉……適量（細かく刻む）
片栗粉　ナンプラー（なければしょうゆ）　塩
サラダ油

かわりの野菜は？

大根のかわりに白菜で作っても！ その場合も片栗粉効果で水っぽくなりません。どちらでもシャキシャキ食感が楽しめます。

作り方

1

豚肉を炒める

フライパンに油小さじ2を入れて熱する。豚肉を入れ、塩少々をふって炒める。脂が多く出るならキッチンペーパーで拭き取る。

POINT
片栗粉をふることで、大根から水分が出て、水っぽくなるのを防げます。

3

炒め合わせる

大根に部分的に焼き目が付いたら片栗粉小さじ1を全体にふって混ぜ、ナンプラー少々を回しかける。大根の葉を加えて炒める。

2

大根を焼き付ける

大根を入れたら全体に油が回るように混ぜ、そのあとはフライパンに広げ、あまり触らずに焼き付けていく。

二度焼きで油揚げはカリッと！ 中はジューシー
油揚げのみっちりはさみ焼き

油揚げにみっちりと詰めた鶏ひき肉が、食べごたえ満点のおかずレシピ。
みじん切りのたっぷり長ねぎが風味、食感ともにたまらない一品！
こんがり焼いて、家族みんなで取り合って！

材料 (2人分)

油揚げ (いなり用)……6枚
(長方形のものは半分に切る)
鶏ひき肉……150g
長ねぎ……1本 (みじん切り)
ごま油

A | 酒……大さじ1
みりん……大さじ2
みそ……大さじ2

かわりの野菜は？

長ねぎのかわりに、根菜やきのこ類を細かく切って入れても。お弁当のおかずとしても大活躍すること間違いなしです。

作り方

1

下準備

油揚げはキッチンペーパーに挟み、麺棒でコロコロと押して油抜きをする。**A**をボウルに入れて混ぜ合わせたら、ひき肉と長ねぎを入れてさらに混ぜる。

POINT
長ねぎなどをひき肉に混ぜ込むことで、野菜がたくさん食べられます。

2

具材を詰める

端を切り、袋状にした油揚げに6等分した **1** を詰めて手で平らにしたら、爪楊枝で口を閉じる。

3

油揚げを焼く

フライパンに油少々を熱し、**2** を並べ入れ、蓋をして片面4分ずつ弱めの中火で蒸し焼きにする。蓋を取って、表面がカリカリになるまで焼く。

お手軽に野菜を食べるならパスター択！

ブロッコリーとソーセージの
ゴロゴロスパゲッティ

ランチにさっとたっぷり野菜が食べたいなら、パスタが一番！
ブロッコリーを1房買ってきて、4人家族なら食べきれちゃいます。
ソーセージも切るだけと、簡単すぎるシンプルレシピです。

材料（1人分）

ブロッコリー……1/4個（小房に分ける）
ソーセージ（大きめ）……1本（1cm幅の輪切り）
スパゲッティ（1.4～1.6mm）……100g
白ワイン（なければ水）　塩　黒こしょう
オリーブ油　粉チーズ

> かわりの野菜は？
> ブロッコリーのかわりにカリフラワーやアスパ
> ラ、きのこ類でも、ゴロゴロの食感が楽しめて
> おいしくでき上がります。

作り方

POINT
具材は蒸し焼きに
することで、火が
早く通りやすくな
ります。

1 具材を炒める

フライパンに油大さじ1をひき、
ブロッコリーとソーセージを入れ
る。ブロッコリーめがけて塩ひと
つまみふる。

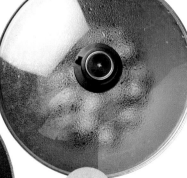

2 蒸し焼きにする

中火にかけ、白ワイン大さじ1を
回しかけて蓋をする。途中で具
材を一度返して、2～3分蒸し焼
きにする。別の鍋で1ℓの湯に塩
小さじ2を入れ、スパゲッティを
表示の時間通りにゆでる。

3 スパゲッティを加える

2のフライパンにスパゲッティと
ゆで汁大さじ2を加え、油少々を
回しかけてよくあえる。皿に盛り、
黒こしょうと粉チーズ少々をふる。

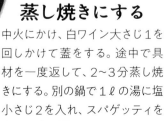

一度作ったらやみつきになる人続出!
野菜モリモリ! コクうまスパサラ

料理教室の生徒さんや視聴者さんから大人気のレシピ。
熱々のパスタを具材と合わせたら、しっかり混ぜるのがコツ。
できたてもいいけど、冷やしてもおいしいです。

材料（2〜3人分）

玉ねぎ……1個（薄切り）
きゅうり……2本（薄い輪切り）
ツナ缶……小1缶（油を切る）
スパゲッティ（1.4〜1.6mm）……100g
マヨネーズ　塩　黒こしょう
しょうゆ

> **かわりの野菜は？**
> 塩もみしたズッキーニやゴーヤを使っても◯。
> ゴーヤは薄切りにして塩の入ったお湯でさっと
> ゆで、冷水に入れて絞ってから使って下さい。

作り方

POINT
パスタが熱々のうちに混ぜると、麺に味が染みやすく野菜もからみやすくなります。

1

ツナと調味料を混ぜる

ボウルにツナ缶、マヨネーズ大さじ5、塩、黒こしょう各少々、しょうゆ小さじ1を入れ、混ぜる。

2

野菜を加える

きゅうりは塩ひとつまみをふって5分置き、水気を絞る。玉ねぎは軽く水にさらして水気を絞り、きゅうりとともに**1**のボウルに入れて混ぜる。

3

スパゲッティをあえる

1ℓの湯に塩小さじ2を入れ、スパゲッティを表示より1分長くゆでる。湯を切って熱いうちに**2**のボウルに入れてよくあえる。

サバの脂とさわやかトマトの相性が◎

塩サバにトマトマリネをのせて

ワンパターンになりがちな鯖の塩焼きも、トマトマリネを添えると
栄養満点でさわやかなイタリアン風になりますよ！

材料（2人分）

塩サバ……2切れ

ミニトマト……1パック（縦4等分に切る）

A │ レモン汁……小さじ1
　　　（なければ酢）
　　　塩、黒こしょう……各少々
　　　オリーブ油……大さじ1

> かわりの野菜は？
>
> 「なすのオリーブオイル煮込み」（P51）や「玉ねぎポン酢」（P60）を添えてもいいですよ。

作り方

POINT
トマトは5分ほど漬け込むと、味がなじんでさらにおいしくなります。

1

塩サバの下処理

塩サバの水気をキッチンペーパーでしっかりと拭き取る。

2

トマトをマリネする

ボウルにミニトマトと**A**を入れて混ぜ合わせる。

3

塩サバを焼く

塩サバを皮面がこんがりとするまで焼き、**2**とともに皿に盛る。

白身魚のうまみが優しく野菜に染みわたる

白身魚のほったらかしホイル焼き

ホイル焼きは本当に簡単でヘルシーなおすすめレシピ。
長ねぎなどの甘みのある野菜を使うので、あえて塩だけの味つけで、
素材のうまみを味わいます。

材料（2人分）

鯛やたらなどの白身魚……2切れ
長ねぎ……1/2本（5cm長さの縦半分に切る）
えのき……1袋（石づきを取り、ほぐす）
酒　塩

> **かわりの野菜は？**
> ホイルに包む野菜は、ブロッコリー、にんじん、パプリカ、コーン、しめじやエリンギなどお好みのものでOK！

作り方

POINT
野菜の上に白身魚を置くことで、白身魚のうまみが野菜に行きわたります。

1
白身魚の下処理

白身魚の両面に塩少々をふり10分ほど置く。出てきた水分をキッチンペーパーで拭き取る。

2
ホイルで包む

アルミホイルを広げ、長ねぎとえのきを半量ずつのせた上に白身魚を1切れのせる。上から酒小さじ1と塩少々をふり、アルミホイルで包む。これを2つ作る。

3
蒸し焼きにする

フライパンに水100mℓと**2**を入れて、蓋をして強火にかける。水が沸騰したら中火にして、8～10分蒸し焼きにする（写真は1人分）。お好みでレモンを添えていただく。

熊本移住、そして
ログハウスで始めた料理教室

緑に囲まれて子育てしたい！と
家族で大好きな熊本へ

熊本に移り住んだのは16年前。その前は、看護師として働きながら新宿近辺の大都会に住んでいた私。子供が生まれて東京郊外に移り住んだところ、ぐんと緑が増えて暮らしやすく感じました。「自然の多い場所で広い家に住みたい」。そう考えてすぐに思いついたのが、転勤族だった両親が定年退職して住んでいた熊本でした。

熊本に住むと決めたものの、親戚以外の知り合いもいないしちょっと寂しいかも、と思いついたのが料理教室を開くということ。東京に住んでいる頃から料理は好きで、友人を呼んでホームパーティーで振る舞ったり教えたりしていたので、すぐに「やろう！」と決断しました。

「畑の中のログハウス」が評判で
料理教室はすぐ人気に

いざ熊本に住んでみると、私の住んでいるところは本当に田舎ですから「こんなところで料理教室なんてやっても誰も来んよ」と周りの人には言われ、青ざめましたね。でも、当時始めていたブログの読者の方や知り合いから徐々に口コミが広がり、すぐに軌道に乗せることができました。料理教室の評判に一役買ったのが、この自宅であるログハウス。木の温かみのあるお家で開催する料理教室は、「ここに来ると心がポカポカする」「もう帰りたくない〜」と生徒さんにも評判で、その後、ログハウスを建てた方もいるくらいでした。

ぬくもりのある家に薪ストーブ…
木のある暮らしの魅力

ログハウスを建てようと決めたのは、以前、山中湖でログハウスの宿泊体験に参加したことがきっかけでした。持参したCDを何の変哲もないプレイヤーでかけたのですが、音響の良いことといったら……! その気持ちよさが忘れられず、熊本ではログハウスを建てようと決めたのでした。1階は大きなキッチンをメインにした私の仕事場。また、東京から遊びに来る友人たちとワイワイ過ごすための場でもあります。そしてログハウスでの暮らしに絶対に外せなかったのが、薪ストーブ! 薪ストーブを使うと木を使った家全体が暖まるのが心地よく、冬場は24時間体制で稼働しています。

元気ママ流！野菜の切り方

この本に登場する野菜の切り方の中で、
元気ママならではのこだわりの野菜の切り方をご紹介します。

白菜やキャベツの芯は
せん切り

白菜やキャベツ、ブロッコリーなどの芯は4〜
5cm長さにしてから繊維に沿ってマッチ棒くらい
の細さにせん切り。硬かったり口当たりが悪い部
分も食べやすくすることで、野菜を余すことなく
使います！

あえてのゴロゴロ切り

ポトフなどのほったらかし煮込み料理にピッタリ
なのが、あえて野菜を大きく切るゴロゴロ切り。
大きめでも煮込めば味がしっかり染み込むので、
細かく切る手間が省けて食べごたえのある、お手
軽メインレシピになります。

手でちぎる

春菊の茎と葉を分けたい時は、手で感触を確か
めながら葉の柔らかい部分を摘んでいくのが◎。
特に、生で食べる時は、口当たりがぐんとよくなり
ます。ブロッコリーを小房に分けるなど、手ででき
るものはさっとやってしまうのがおすすめです。

第2章

作る時間がなくても大丈夫！
あっという間&
ほったらかし
副菜レシピ

野菜レシピと言えば、
やっぱり常にストックもしておける副菜。
メインおかずをどんなに手抜きしたって、
副菜で野菜がとれていればOK！
ということで、野菜別&5分前後でできる
あっという間レシピ&時間がかかっても
ほったらかしで作れちゃう、
野菜たっぷりサブおかずをご紹介します。

ピーマン

苦みが苦手な人も多い
野菜だけど、じっくり炒
めれば驚くほど甘くなる
んです！

ピーマンの切り方

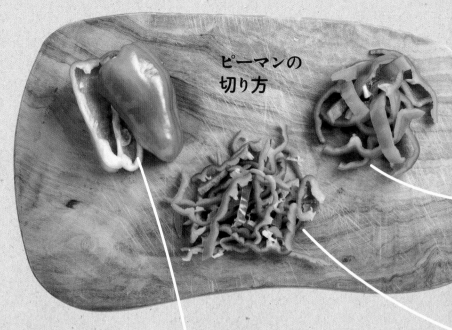

TASTE
手でつまんでがぶ
りといけるお手軽
前菜。シャキシャ
キでみずみずしい
ピーマンがギョニ
ソーに合う！

生ピーマンの
おいしさに驚き！

ぎょぎょぎょ！びっくりピーマン

材料（2人分）

ピーマン………2個（縦半分に切る）

魚肉ソーセージ………1本（4~5cm
に切る）

マヨネーズ………適量

作り方

1 ピーマンに魚肉ソーセージ
をのせてマヨネーズ適量を
かける。お好みでペッパーソ
ースや黒こしょうをふっても。

冷蔵
1日

あっ
という間！

TASTE
加熱しすぎないことで甘みとシャキシャキ感を両立！ サラダみたいにどんどんいけます。

あっ
という間！

レンチンワザで驚きの食べやすさ！
ツナマヨピーマン

材料（2人分）
ピーマン……6個（太めの細切り）
ツナ缶……1缶（油を切る）

A ┃ マヨネーズ……大さじ2
┃ 黒こしょう……少々
┃ しょうゆ……少々
┃ 白すりごま……大さじ1

作り方
1 ピーマンを耐熱容器に入れ、ふんわりラップをして電子レンジで2～3分加熱する。

2 1にツナとAを入れて混ぜ合わせる。お好みで冷蔵庫で冷やしても。

冷蔵
1日

じっくり炒めてうまみを引き出す
最強の無限ピーマン

材料（2人分）
ピーマン……10個（横向きの細切り）
削り節……2パック（6g）
顆粒昆布だし　酒　しょうゆ
オリーブ油

作り方
1 フライパンに油大さじ2を熱し、ピーマンを炒める。全体に油が回ったら弱火にして10分ほど触らずじっくりと焼く。

2 1に昆布だし小さじ1/2、酒大さじ1、しょうゆ小さじ1/2を入れて混ぜ合わせる。火を止める直前に削り節を入れ、ざっと混ぜる。

冷蔵
2日

POINT
1で弱火にしたあとはあまり触らず焼き付けよう！ ほどよく水分が抜けて甘～くなります。

ほったらかし！

分量にとらわれず、食べ
たい分だけたっぷり使っ
て！ 加熱すればぺしゃ
んこになります。

キャベツの
切り方

プレーンヨーグルトが隠し味

せん切り
キャベツの
コールスロー

TASTE
マヨネーズとヨー
グルトのまろやか
さにチーズがプラ
ス！ キャベツが
いくらあっても足
りません！

材料（2人分）

キャベツ……1/5個（せん切り）

A ┃ プレーンヨーグルト
　　　　　　……大さじ1
　　┃ マヨネーズ……大さじ3
　　┃ 粉チーズ……大さじ3
　　┃ にんにくチューブ……2cm
　　┃ 黒こしょう……少々

作り方

1 ボウルにキャベツと**A**を入
　　れてよくあえる。

冷蔵
1日

あっ
という間！

TASTE
こんがり焼けた卵とキャベツの風味がクセになる！ 大きく切って欲張って食べてね。

ほったらかし！

キャベツと卵の鉄板おかず！

たっぷりキャベツ
のチーズオムレツ

材料（2人分）
キャベツ……2〜3枚（太めのせん切り）
卵……2個
ピザ用チーズ……大さじ4
マヨネーズ　塩　こしょう
サラダ油

作り方

1 ボウルに卵を溶き、キャベツ、チーズ、マヨネーズ小さじ2、塩、こしょう各少々を入れてよく混ぜる。

2 熱したフライパンに油大さじ1をひき、1を広げる。

3 弱めの中火で3分焼く。裏返してさらに3分焼く。

冷蔵
2日

POINT
キャベツはオイルで蒸すとうまみが凝縮され、しっとりツヤツヤに仕上がります。目玉焼きをのせても！

甘みをぎゅっととじ込める

キャベツの
オイル蒸し

ほったらかし！

材料（2人分）
キャベツ……1/4個（ざく切り）
塩　オリーブ油

作り方

1 フライパンにキャベツを入れ、油大さじ2を回しかける。塩少々と水大さじ1を加え、全体を混ぜ合わせる。

2 蓋をして弱めの中火にかける。途中で1〜2度混ぜ合わせながら7〜10分ほど蒸し焼きにする。

3 蓋を取り、水気が多く出ていれば、軽く水分を飛ばす。

冷蔵
2日

な
す

油や薬味との相性抜群
で、パクパク食べられち
ゃいます。常備菜にもお
すすめです。

なすの
切り方

ごま油の風味香る
なすのさっぱり
ナムル

材料（2人分）
なす……1本（薄い輪切り）
塩　白いりごま

A ┃ 鶏がらスープの素……少々
　　┃ しょうゆ……少々
　　┃ ごま油……大さじ1

作り方

1 ボウルに水500mℓと塩小さ
じ2を入れ、なすを1分浸す。

2 別のボウルに**A**を入れ、混
ぜ合わせる。

3 **2**に水気をギュッと絞ったな
すを入れ、手でよくあえる。
仕上げに白いりごま少々を
ふる。

冷蔵
1日

TASTE
なすにからまるご
まの風味が食欲を
そそる！ それでい
てさっぱりなので
箸が止まりません。

あっ
という間！

50

なすがとろっ、チーズがカリッ！

とろとろなすの
チーズ焼き

材料（2人分）

なす……1本（1cm厚さのいちょう切り）
ピザ用チーズ……ひとつかみ
塩　オリーブ油

作り方

1 アルミホイルに薄く油をぬっておく。なすをアルミホイルにのせ、油大さじ1と塩少々をふり、ざっと混ぜる。

2 1の上にピザ用チーズをかけ、トースターでこんがり焼き色がつくまで10分ほど焼く。

冷蔵
はやめに

TASTE
なすにこんがり焼けた濃厚チーズがからまって、よだれものの味わいに。チーズは好きなだけかけて！

ほったらかし！

なすのまろやかな歯ごたえ

なすのオリーブ
オイル煮込み

材料（2人分）

なす……1本（1cm角に切る）
顆粒昆布だし　塩
オリーブ油　削り節

作り方

1 耐熱容器になすを入れて油大さじ1と塩ひとつまみをふる。ふわっとラップをして電子レンジで4分加熱する。

2 1を取り出して昆布だし少々を加え、混ぜる。さらに電子レンジで2〜3分加熱し、仕上げに削り節少々をかけ、ざっと混ぜ合わせる。

冷蔵
2日

POINT
昆布だしのかわりにコンソメを使うと、カレーやパスタの付け合わせにもなりますよ！

ほったらかし！

白菜

甘みと食べごたえが両方楽しめる万能お野菜。芯から葉まで余すところなく使いましょう。

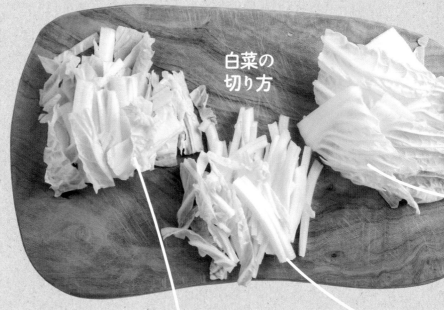

白菜の切り方

POINT
片栗粉をまぶすことで白菜の水分が出ないので、お弁当のおかずにもいいですよ！

あっという間！

和風味のほっとする味
絶品！ 白菜炒め

材料（2人分）
白菜……3〜4枚
（5cm長さの太せん切り）
片栗粉　顆粒和風だし
しょうゆ　ごま油
削り節

作り方

1 フライパンに油大さじ1を熱し、白菜を入れる。全体に油が回ったら和風だし小さじ1/2を加える。

2 片栗粉小さじ1をふり、すばやく混ぜ、全体を焼き付ける。しょうゆと削り節各少々をかける。

冷蔵
2日

POINT
にんにく＋オリーブオイルの風味と白菜のトロトロ食感がやみつきに！

ほったらかし！

濃厚なうまみを堪能して
白菜のオリーブオイル煮込み

材料（作りやすい分量）
白菜……1/2個〜（鍋に入るだけ）
（大きめにざく切り）
にんにく……5〜7かけ（皮をむく）
塩　オリーブ油

作り方
1 大きめの鍋に白菜をぎゅうぎゅうに詰める。つぶしたにんにくと塩小さじ1〜2を入れ、油80〜120mℓを回し入れる。

2 中弱火にかけ蓋をして時々混ぜながら30〜40分ほど煮込む。蓋を外してさらに煮込み、水分を適度に飛ばす。

3 塩で味をととのえる。

冷蔵 **3**日

POINT
塩もみ白菜をたくさん作ったら、ポン酢＋ごま油や、しょうゆ＋削り節であえても◎。

さわやか風味のお手軽サラダ
塩もみ白菜のサラダ

ほったらかし！

材料（2人分）
白菜……3〜4枚（5cm長さのせん切り）
コーン缶……大さじ3
好みのドレッシング……適量
塩　黒こしょう

作り方
1 白菜は塩ふたつまみをふって全体を混ぜ10分ほど置き、しんなりしたら水気を絞る。

2 コーンと**1**を混ぜ、ドレッシングであえて、黒こしょう少々をふる。

冷蔵 **1**日

大根

大根は皮ごと食べられて葉も立派な食材！ それぞれに適した調理で余すところなくいただきましょう。

大根の
切り方

POINT
大根の皮を使います。皮を使いきれるうえに、栄養もたっぷりですよ。

皮までポリポリ、あっさり漬け
大根の皮の甘酢漬け

ほったらかし！

材料（2人分）
大根の皮……1/3本（太めのせん切り）

A 鷹の爪……1本（輪切り）
　　砂糖……大さじ1/2
　　酢……大さじ1
　　しょうゆ……大さじ1

作り方
1 ポリ袋に大根の皮と**A**を入れて混ぜ、30分ほど漬ける。

冷蔵
3日

レンチン とろとろ大根

材料 (2人分)

大根……1/4本(皮付きのまま1cm角に切る)
ポン酢　万能ねぎ(小口切り)

作り方

1 大根を耐熱容器に入れ、ふんわりとラップをして電子レンジで6~8分加熱する。

2 ポン酢適量をからませ、万能ねぎ少々をふる。

ほったらかし!

TASTE
食べやすく切った大根の柔らかい食感と、染み込んだポン酢が絶妙にマッチ!

冷蔵 **2**日

大根餅

材料 (2人分)

大根……1/4本(300g)(すりおろす)
万能ねぎ……1/2束(小口切り)
ごま油

A 桜えび……大さじ2
片栗粉……大さじ3
小麦粉……大さじ2
顆粒昆布だし……少々
ナンプラー……小さじ1

作り方

1 大根はざるにあげて水気をある程度切る。

2 **1**と万能ねぎと**A**をボウルに入れ、混ぜ合わせる。

3 フライパンに油大さじ1~2を熱し、スプーンで**2**を適量小さく広げて両面を1分ずつカリッと焼く。

冷蔵 **2**日

TASTE
桜えびとごま油の風味が、すりおろした大根と合う! さらにカリッと焼いた香ばしさも◎。

あっという間!

きゅうりの
切り方

きゅうり

ポリポリもしんなりも、き
ゅうりならではの食感。
味の染み込ませ方は、お
好みでどうぞ。

ぬか床なしでできる!

きゅうりの簡単
ぬか漬け風

材料（2人分）

きゅうり……3本（皮を部分的にむく）
塩

A ┃ プレーンヨーグルト
　　　　　　　　……大さじ3
　　　顆粒昆布だし……小さじ1/2
　　　みそ……大さじ3

作り方

1 きゅうりは塩少々をふり、ま
　　な板でもむ。よく洗って水気
　　を拭き、両端を切り落とす。

2 ポリ袋に**1**と**A**を入れ、よく
　　もみこむ。時々上下を返しな
　　がら冷蔵庫で半日～1日漬け
　　る。食べる時に小さく切る。

POINT
きゅうりはピーラ
ーなどで部分的に
皮をむくことで、味
が染み込みやすく
なります。

ほったらかし!

冷蔵
3日

おつまみにもおやつにも！

チーチクきゅうり

材料（2人分）

きゅうり……適量（1cm角に切る）

ちくわ……適量（1cm幅の輪切り）

プロセスチーズ……適量（1cm角に切る）

作り方

1 きゅうり、ちくわ、チーズを串に刺す。

TASTE
素材そのままの味と侮るなかれ！ 一緒に食べるとチーズが効いておつまみにも最適です。

冷蔵
はやめに

あっ
という間！

POINT
数時間干すと、ほどよく水分が減り、味が濃くなります。手に水分がつかないくらい干すと、よりカリカリに！

ほったらかし！

お日さまの力を借りたおいしさ

干しきゅうりの
しょうがポン酢あえ

材料（2人分）

きゅうり……2本（中くらい）（斜め薄切り）

しょうが……1かけ（せん切り）

ポン酢　ごま油

作り方

1 きゅうりはざるや干し野菜ネット等に入れ、天日で半日〜1日干す。

2 きゅうりの水分がほどよく抜けたらボウルに入れ、しょうが、ポン酢大さじ1、油小さじ1を入れてあえる。

冷蔵
2日

丸ごと買ってきて調理に
悩んだら、蒸すだけでも
立派な一品になります。

ブロッコリーの
切り方

生の食感がサクサクおいしい
生ブロッコリーのツナマヨサラダ

材料（2人分）
ブロッコリー……1/4個（100g）
（生のまま細かく刻む）
黒こしょう

A | ツナ缶……小1缶（油を切る）
　　 | マヨネーズ……大さじ3
　　 | しょうゆ……少々

作り方
1 ボウルに**A**を入れて混ぜ合わせる。

2 ブロッコリーを**1**に入れてよくあえる。黒こしょうをふる。

冷蔵
2日

POINT
野菜は50度洗いがおすすめ。ブロッコリーは50度の湯に2～3分つけると、シャキッと元気になります。

あっ
という間！

POINT
ゆでると水分に
栄養が溶け出て
しまうので、味も
濃厚になる蒸し
調理が◎。

味が濃厚でそのままいける！

オイル蒸し ブロッコリー

材料（2人分）
ブロッコリー……1/2個
（大きめの小房に分ける）
塩　オリーブ油

作り方

1 ブロッコリーをフライパンに並べ入れる。塩少々、油大さじ1、水大さじ1〜2を回しかける。

2 蓋をして途中で1回混ぜながら弱〜中火で5〜7分加熱する。

3 蓋を取って水分を飛ばす。

冷蔵
2日

ほったらかし！

レンジでもおいしくできる！

ブロッコリーの にんにく オイル蒸し

材料（2人分）
ブロッコリー……1/3個（120g）
（小さめの小房に分ける）

A にんにくチューブ……3〜4cm
　　鶏がらスープの素
　　　　　　　　……小さじ1/2
　　塩……少々
　　黒こしょう……少々
　　オリーブ油……大さじ1
　　水……大さじ1

作り方

1 Aを混ぜ合わせておく。

2 ブロッコリーを耐熱容器に入れ、Aを全体に回しかける。ふわっとラップをして電子レンジで2分半〜3分ほど加熱し、全体をあえる。

冷蔵
2日

TASTE
ブロッコリーの食
感が残り、でもし
っかりにんにくオ
イルの風味が染み
込む！

あっという間！

玉ねぎ

加熱次第でトロトロにしたり、シャキシャキ感を残してみたり、色んな食感を楽しめます。

玉ねぎの
切り方

こんがり玉ねぎととろ〜りチーズ
玉ねぎの
ホイル焼き

材料（2人分）
玉ねぎ……1個（7mm幅の輪切り）
ピザ用チーズ……ひとつかみ
顆粒コンソメ　オリーブ油

作り方

1 玉ねぎは薄く油をぬったアルミホイルにのせ、油大さじ1を表面に塗る。

2 コンソメ少々をふりかけ、チーズをのせたらトースターや魚焼きグリルで5〜7分焼く。

（冷蔵 はやめに）

TASTE
コンソメ風味の玉ねぎにさらにチーズをトッピング！それをこんがり焼いてカリカリで食べて下さい。

ほったらかし！

あっ という間！

TASTE
電子レンジで加熱することでトロトロになり、甘くなります。冷めてもおいしいのが嬉しい！

肉料理の付け合わせに
玉ねぎポン酢

材料（2人分）
玉ねぎ……1/2個（1cm角に切る）
ポン酢　ごま油

作り方

1 耐熱容器に玉ねぎとポン酢大さじ2、油小さじ2を入れて混ぜる。

2 ふわっとラップをして電子レンジで3〜4分トロトロになるまで加熱する。

（冷蔵 2日）

にんじんの
切り方

火を通す料理なら、じっくり加熱すると、独特のクセが消え、ほっくり甘〜く仕上がります。

米酢でまろやかな味わいに

はちみつにんじん
マリネ

材料（2人分）
にんじん……1本（皮をむいてせん切り）

A｜はちみつ……大さじ1
　｜塩……ひとつまみ
　｜黒こしょう……少々
　｜米酢（または酢）……小さじ2
　｜オリーブ油……大さじ1

作り方

1 にんじんとAをボウルに入れてあえ、しんなりするまで5分置く。お好みで黒こしょうをふる。

TASTE
はちみつと米酢の風味がせん切りのにんじんにからむ！長めに時間を置けばよりまろやかになります。

ほったらかし！

TASTE
にんじんが驚くほど甘くなります！蓋付きフライパンを使ってもOKです。

にんじんが甘〜くなる！

ほっこり蒸し
焼きにんじん

材料（2人分）
にんじん……2本（皮付きの乱切り）
塩　オリーブ油

作り方

1 厚手の鍋ににんじんを入れ、油大さじ2、塩少々、水大さじ1を入れる。

2 蓋をして弱めの中火にかけ、時々混ぜながら10〜15分ほど蒸す。火を止め、10分ほど置き、余熱で火を通す。

あっ
という間！

冷蔵
2日

冷蔵
2日

小松菜

アクが少なくて、下ゆでせずに使える便利野菜！芯もシャキシャキで活用できますよ。

小松菜の切り方

アジアン風味のお手軽ふりかけ
小松菜とじゃこのナンプラー炒め

材料（2人分）
小松菜……1束（細かく刻む）
ちりめんじゃこ……大さじ2
ナンプラー（なければしょうゆ）
紹興酒（または酒）　ごま油

作り方
1 軽く温めたフライパンに油大さじ1を入れ、ちりめんじゃこを入れてカリカリに炒める。

2 1に小松菜を入れて炒め、しんなりしたら酒大さじ1、ナンプラー少々を回しかけ、全体を混ぜ合わせる。

あ っ
という間！

TASTE
小松菜と豚バラと白ごまの相性がよく、びっくりするほどおいしい！ご飯にも合います。

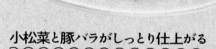

小松菜と豚バラがしっとり仕上がる
小松菜と豚バラの最強ボイル

材料（2人分）
小松菜……1/2束（2〜3等分に切る）
豚バラ肉（しゃぶしゃぶ用）……150g
だししょうゆ　酒（あれば）　塩
白すりごま

作り方
1 鍋に1ℓほど湯を沸かし、酒大さじ1と塩ひとつまみを入れ、豚肉をゆでる。

2 豚肉がゆであがったらざるにあげる。鍋のアクを取り再び沸騰させ、小松菜を10秒ゆで、ざるにあげる。

3 豚肉と小松菜を軽く混ぜ、たっぷりの白すりごまとだししょうゆ少々をかける。

冷蔵
3日

POINT
大根やカブの葉でも！ご飯に混ぜれば栄養たっぷりの混ぜご飯になりますよ。

あ っ
という間！

冷蔵
1日

春菊の
切り方

春菊のクセになる味を生かすレシピ。実は生でもおいしいので、献立に手軽に取り入れてね！

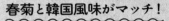

オリーブオイルとの相性ばっちり
春菊のオイル蒸し

材料（2人分）
春菊……1/2〜1束（ざく切り）
塩　オリーブ油

作り方
1 春菊を鍋に入れる。上から油大さじ2〜3を回しかけ、塩少々をふる。

2 蓋をして弱火から中火でじっくり蒸し焼きにする。途中で全体を混ぜながら5〜7分加熱する。

冷蔵
2日

POINT
小松菜やチンゲン菜など他の青菜でも合います。粉チーズをかけてもおいしいですよ！

ほったらかし！

あっという間！

TASTE
きゅうりから水分が出やすいので、たれにあえたら早めに食べましょう。

春菊と韓国風味がマッチ！
春菊とたこの
コチュジャンあえ

材料（2人分）
ゆでたこ……200〜250g
春菊（葉の部分）……1束（手でちぎる）
きゅうり……1本（乱切り）

タレ（作りやすい分量）
にんにく（すりおろし）……1かけ分
コチュジャン……大さじ2
砂糖……大さじ1
酢……大さじ3
みそ……大さじ2
ごま油……大さじ1
白すりごま……大さじ2

冷蔵
（タレ）
7日

作り方
1 たこは水気を拭き取り、食べやすく切る。たれの材料は混ぜ合わせておく。

2 春菊、たこ、きゅうりをボウルに入れ、たれ適量を加えてあえる。

大地の恵み、畑のこと、野菜のこと

畑の野菜は研究熱心な父の担当、私はリクエスト担当です

自宅の近くにある畑は主に父の管轄。昔から畑が好きで、どうしたらうまく育つか研究を重ねています。私は主に、「これ植えて」「あれ植えて」とお願いしたり、増えすぎた芽を間引きしたりする担当。この本の撮影をしていた時期は、ブロッコリー、大根、小松菜、ほうれん草にアスパラがにょきにょき……といった具合でした。

これだけの量の野菜、家族だけでは食べられないので、友人たちにせっせと配ったりもしています。逆に、外出から帰ってきたら、玄関先にかぼちゃやスイカがゴロゴロ置いてあるなんてことも！ 田舎ならではの物々交換、楽しいですよ。

畑や野菜に囲まれて、
野菜好きになった子供たち

84ページでも紹介しますが、我が家にはガーデンキッチンもあり、そこでは私もちょっとした野菜を育てています。野菜に囲まれて育ったからか、子供たちにとっては、野菜がとても身近な存在。小さいうちからたくさん食べているので、野菜が大好きです。旬の野菜を工夫して食卓に出すのも楽しく、逆に野菜を食べていない日が続くと「調子が悪い」と言い出すほどなんです。

元気ママの
野菜
ドレッシング

野菜を使ったドレッシングや野菜をおいしく食べられるドレッシングのレシピです。ぜひ手作りしてみて下さいね。

新玉ねぎのさわやかな甘みでサラダがごちそうに！

冷蔵
1週間

新玉ねぎの白いドレッシング

材料（作りやすい分量）

新玉ねぎ…1個

A | 砂糖…小さじ2
　　| 塩…小さじ1/2
　　| 酢…大さじ3
　　| オリーブ油…大さじ4

作り方

1 新玉ねぎは適当な大きさに切る。

2 1と**A**をミキサーかフードプロセッサーにかける。ない場合は、玉ねぎを手ですりおろしてから他の材料と混ぜ合わせる。

にんじんとはちみつの
甘いハーモニーで
子供も大好き!

にんじん
ドレッシング

材料 (作りやすい分量)

にんじん……1本 (100g)

A | はちみつ……大さじ2
| 塩……ひとつまみ
| 酢……小さじ1
| オリーブ油……大さじ2

作り方

1 にんじんは皮をむき、すりおろす。

2 **A**を上から順番に入れながら混ぜ合わせる。

冷蔵
3日

和と洋のまろやかな
万能アイテム

和風イタリアン
ドレッシング

材料 (作りやすい分量)

にんにく (すりおろし)……1かけ分
砂糖……小さじ2
こしょう……少々
酢……大さじ3
しょうゆ……大さじ3
みりん……大さじ1
オリーブ油……大さじ3

作り方

1 材料をすべて混ぜ合わせる。

冷蔵
1週間

野菜ドレッシング
活用レシピ

||||||||||||||||||||||||||||||||||||||||||| **新玉ねぎの白いドレッシング** |||||||||||||||||||||||||||||||||||||||||||

にんじんと玉ねぎの甘さがマッチ

はちみつにんじんマリネと
ブロッコリーのサラダ

材料
はちみつにんじんマリネ（P61）
ゆでブロッコリー
新玉ねぎの白いドレッシング

作り方
1 皿に、はちみつにんじんマリネと小房に分けたブロッコリーを盛り、ドレッシングをかける。お好みで黒こしょうをふっても。

えび入りでおつまみにもなる！

ミニトマトと蒸しえびサラダ

材料
ミニトマト
むきえび
塩　オリーブ油
新玉ねぎの白いドレッシング

作り方
1 ミニトマトは半分に切る。えびは耐熱容器に入れて塩と油各少々をまわしかけ、ふんわりとラップをして3分ほど加熱する。
2 皿に盛り、ドレッシングをかける。お好みでイタリアンパセリを飾る。

さっぱりサラダならコレ！

わかめとかいわれのサラダ

材料
乾燥わかめ（水で戻す）
かいわれ大根
新玉ねぎの白いドレッシング

作り方
1 わかめは食べやすい大きさに、かいわれ大根は根を切る。
2 器に盛り、ドレッシングをかける。

‖‖‖‖‖‖‖‖‖‖‖‖‖‖‖‖‖ にんじんドレッシング ‖‖‖‖‖‖‖‖‖‖‖‖‖‖‖‖‖

皮ごと食べられる
かぶとりんごのサラダ

材料
かぶ
りんご
にんじんドレッシング

作り方

1 かぶとりんごを皮付きのまま薄いいちょう切りにし、ドレッシングをかける。

デザート感覚で召し上がれ
ミニトマトと
グレープフルーツのサラダ

材料
ミニトマト
グレープフルーツ
黒こしょう
にんじんドレッシング

作り方

1 ミニトマトは半分に切る。グレープフルーツは皮をむいて食べやすい大きさに切る。

2 **1**を皿に盛り、ドレッシングと黒こしょうをかける。

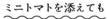

ミニトマトを添えても
クリームチーズとミントの
かわいいサラダ

材料
クリームチーズ（ペーストではないタイプ）
ミント
にんじんドレッシング

作り方

1 クリームチーズは食べやすい大きさに切る。

2 **1**を皿に盛り、ドレッシングをかけ、ミントを飾る。

野菜ドレッシング
活用レシピ

|||||||||||||||||||||||||||||||||||||| 和風イタリアンドレッシング ||||||||||||||||||||||||||||||||||||||

シンプルに野菜の味を引き出す!
トマトだけサラダ

材料
トマト
和風イタリアンドレッシング

作り方
1 トマトをくし形に切り、ドレッシングをかける。

和風の味わいと相性バツグン
きゅうりとたことわかめのサラダ

材料
きゅうり
ゆでたこ
乾燥わかめ(水で戻す)
和風イタリアンドレッシング

作り方
1 きゅうり、たこ、わかめを食べやすい大きさに切る。
2 1をすべて皿に盛り、ドレッシングをかける。

コンビニ食材で作れる!
せん切りキャベツと
サラダチキンのサラダ

材料
キャベツ
サラダチキン(市販のもの)
和風イタリアンドレッシング

作り方
1 サラダチキンは5mmに、キャベツはせん切りにする。
2 1を皿に盛り、ドレッシングをかける。お好みで黒こしょうをふっても。

第3章

一気にまとめて作れる！
楽チン
大皿レシピ

子供たちも大好きなメンチカツやグラタン。
こんな大皿料理でも、元気ママのレシピには
野菜がたんまり入っています。
しかも、コロッケをひとつずつ成形したり、
餃子を丁寧に包んだりなんてことはしません！
野菜をどっさり入れて、一気に仕上げて食卓へ！
これで今晩の夕食は完璧です。

包む手間なし！　薬味が最高！
ぺったんこ餃子

材料（4人分）

豚ひき肉……300g
キャベツ……1/4個（250g）
餃子の皮……70枚

A | ナンプラー……小さじ1
（なければしょうゆ）
酒……大さじ1
塩……小さじ1/2

塩　ごま油
大葉……8枚
しょうが……2かけ
にら……1/2束
酢じょうゆ（酢：しょうゆ＝1:1）

作り方

1 キャベツは粗みじん切りにして塩小さじ1をまぶし、10分ほど置く。ひき肉、水気を絞ったキャベツ、**A** を合わせ、粘りが出るまでこねる。

2 ティースプーンに山盛り1杯分タネを取り、餃子の皮に塗りつけるようにのせる。皮を半分に折りたたむ。

3 フライパンを強火で熱し、いったん火を止める。油大さじ1〜2を入れ、餃子を少し重なるように並べたら中火で軽く焼き付ける。3回程度に分けて焼く。

4 餃子の皮をめがけて水50〜70㎖を回しかける。蓋をして弱火で4分加熱したら蓋をあけ、カリカリになるまで水分を飛ばす。

5 せん切りにした大葉としょうが、小口切りにしたにらをのせ、酢じょうゆをつけていただく。

野菜 POINT　キャベツの水分は適度に抜く
キャベツは塩をまぶして10分置き、出てきた水分を手で軽く絞りましょう。ほどよく水分が抜け、キャベツに下味も付きます。

調理 POINT　ひだは作らず、そのまま挟むだけ
たねを挟んで折りたたんだら、手の平でペタッと軽く押し付けるだけでOK。皮と皮の間にすき間があいていても、気にしなくて大丈夫です。

一気に作って余ったら……
皮で挟んだ状態で冷凍しておき、餃子鍋の具として使うのも便利。タネが余った場合は、炒めて卵でとじてもおいしいです。

お肉と野菜ぎっしりの満足おかず
揚げないキャベツメンチカツ

材料（4人分）

合いびき肉⋯⋯500g
キャベツ⋯⋯⋯1/3個（300g）
玉ねぎ⋯⋯1個

A | パン粉⋯⋯1/2カップ
　　| 牛乳⋯⋯大さじ2
　　| 卵⋯⋯1個
　　| 塩⋯⋯小さじ1
　　| 黒こしょう⋯⋯少々

衣 | パン粉⋯⋯1カップ
　　| 粉チーズ⋯⋯大さじ2
　　| オリーブ油⋯⋯大さじ1と1/2

作り方

1 キャベツは1cm角に切る。玉ねぎは粗みじん切りにする。オーブンを220度に予熱する。

2 大きめのボウルに合いびき肉、キャベツ、玉ねぎ、**A**を入れてよくこねる。耐熱皿にギュギュッと押さえながら入れる。

3 **衣**の材料を混ぜ、**2**の上に広げる。220度のオーブンで30〜35分ほど焼く。途中で焦げそうになったらアルミホイルで覆いながら焼く。

野菜 POINT　たっぷりのキャベツをしっかり混ぜる

普通のメンチカツの倍以上のお野菜を使ってます！ しっかり混ぜることで野菜と肉のうまみをとじこめます。

調理 POINT　衣は焼く直前に混ぜ合わせる

衣は、オーブンで焼く直前に混ぜ合わせてのせるのがポイント。オリーブ油が適度に染みて、サクッとした仕上がりになります。

一気に作って余ったら⋯⋯

パンに挟んでメンチカツサンドに！ 温め直す時はホイルをかぶせてトースター等で焼くか、ラップをせずに電子レンジで加熱するといいですよ。

揚げてないから、手軽に作れる！
ヘルシー焼きコロッケ

材料（4人分）

豚ひき肉⋯⋯250g
じゃがいも⋯⋯5〜6個
玉ねぎ⋯⋯1個
キャベツ⋯⋯1/4個
牛乳⋯⋯大さじ3
ナツメグ（あれば）　塩
黒こしょう　オリーブ油

A ┃ 酒⋯⋯大さじ1
　　┃ 砂糖⋯⋯小さじ1
　　┃ しょうゆ⋯⋯大さじ1

衣 ┃ パン粉⋯⋯1カップ
　　┃ 粉チーズ⋯⋯大さじ2
　　┃ オリーブ油⋯⋯大さじ1と1/2

作り方

1 玉ねぎはみじん切りに、キャベツは粗く刻む。じゃがいもは皮をむいて4等分にし、ひたひたの水で柔らかくなるまでゆでる。湯を捨ててじゃがいもをつぶし、大きめのボウルに移す。オーブンは220度に予熱しておく。

2 フライパンを軽く温め、油大さじ1/2を熱し、ひき肉に**A**を加えて炒める。肉に火が通ったら玉ねぎ、キャベツの順に入れて炒める。全体に油が回ったら火を止める。

3 **2**を**1**のボウルに入れ、牛乳を混ぜ合わせる。塩、黒こしょう各少々で味をととのえ、あればナツメグ少々を加える。

4 グラタン皿に**3**をしきつめ、**衣**の材料を混ぜ、その上全体に広げる。220度のオーブンで15分焼く。

野菜 POINT　じゃがいもは好みの加減につぶす

じゃがいもは冷めると硬くなってしまうので、熱いうちにつぶしましょう。ほどよく形を残しても、なめらかにつぶしても、お好みでどうぞ。

調理 POINT　固さは牛乳の量で調節

コロッケの固さは、牛乳を足して柔らかさを調整してください。グラタン皿で一気に焼くので、柔らかめになっても大丈夫です。

⎰一気に作って余ったら⎱

余ったら、こちらもコロッケサンドがおすすめ。また、お好みで1人分ずつココットなどに入れて焼いても！

小麦粉もバターも使わない！
お手軽ポテトグラタン

材料（4人分）

じゃがいも……3個

むきえび……150g

ブロッコリー……1/4個

しいたけ……3〜4個

にんにく……1かけ

牛乳……400㎖

ピザ用チーズ……たっぷり

ハーブソルト　顆粒コンソメ
オリーブ油

水溶き片栗粉……片栗粉小さじ2（倍量の水で溶く）

作り方

1 じゃがいもは皮をむいて1〜2mmの薄切りに。ブロッコリーは小房に分け、むきえびは食べやすく切る。しいたけは石づきを取って薄切り、にんにくはみじん切りにする。オーブンを220度に予熱する。

2 深めのフライパンか鍋ににんにく、油大さじ2を入れ、弱火にかける。香りが立ってきたらえびを入れ、ハーブソルト小さじ1/2をふる。

3 じゃがいもを加え、油が回ったら牛乳とコンソメ小さじ2を入れる。沸騰したらブロッコリー、しいたけを加え、弱火にして5〜6分煮る。

4 木べらなどでじゃがいもを軽くつぶし、味を見てハーブソルト少々をふる。水溶き片栗粉を少しずつ入れながらよく混ぜる。

5 耐熱皿に移し、上からピザ用チーズをかけ、焼き色が付くまで220度のオーブンで15分ほど焼く。

野菜 POINT　木べらでじゃがいもを軽くつぶす

じゃがいもは煮ながら木べらで軽くつぶしてとろみを出します。食感を残したいので、つぶしすぎないように！

調理 POINT　水溶き片栗粉で好みの固さに！

じゃがいもによってとろみに差が出るので、水溶き片栗粉は全量入れなくても大丈夫。混ぜた時に鍋肌が見えるくらいが目安です。

一気に作って余ったら……

食べきれない場合は、冷凍もできます。シリコンカップに入れ、チーズをのせて小分け冷凍すると、お弁当のおかずとして便利です。

余りがちなお餅が究極の一品に！
お好み焼き風チーズ餅

材料 (4人分)

餅……お好みの量
豚バラ肉(薄切り)……200g
キャベツ……1/4個〜
ピザ用チーズ……たっぷり
顆粒和風だし　酒　塩
ソース　マヨネーズ
青のり　削り節

作り方

1 キャベツをざく切りにする。

2 フッ素樹脂加工の大きめのフライパンに油をひかずに豚肉を並べ、酒大さじ1〜2を回しかけ、塩少々をふる。

3 豚肉の上に餅、キャベツの順番にのせる。和風だし小さじ1〜2をかけ、上にチーズをのせ、蓋をして弱めの中火で餅とキャベツが柔らかくなるまで10〜15分ほど蒸し焼きに。ソース、マヨネーズ、青のり、削り節をかけていただく。

野菜 POINT　**キャベツはあえて山盛りに**

キャベツは、好きなだけたっぷり入れましょう。蓋が閉まらなくても、加熱していくうちにかさが減るので大丈夫です。

調理 POINT　**蓋をして蒸し焼きに**

蓋をして蒸し焼きにすることで、お餅とキャベツにじっくり火が通ります。とろ〜りとしたお餅、キャベツとチーズがやみつきに！

〉一気に作って余ったら……〈

残ったらラップをして冷蔵保存しましょう。食べる時に電子レンジで加熱すると、お餅が柔らかい状態に戻るので、安心して下さい。

白玉粉でモチモチの食感に！
ねぎいっぱいチヂミ

材料（2人分）

ねぎ（長ねぎや青ねぎなど）……100g
ごま油

生地
白玉粉……大さじ4
水……大さじ3
卵……1個
片栗粉……大さじ1
ナンプラー……大さじ1/2
（なければしょうゆ）
ごま油……小さじ2

キムチ　酢じょうゆ（酢：しょうゆ＝1：1）

作り方

1 ねぎは5cm長さに切る。太いねぎなら斜め薄切りに。

2 生地の白玉粉に水を入れ、泡立て器などで混ぜる。なめらかになったら生地の残りの材料をすべて加え、よく混ぜる。

3 1のねぎを加えて、さらによく混ぜ合わせる。

4 大きめのフライパンに油大さじ1を熱し、3を全量流し込んで広げ、弱火で4分ほど焼く。裏返してさらに4分焼く。仕上げに両面を強火で焼き付け、パリっと仕上げる。キムチと酢じょうゆを添えていただく。

野菜 POINT：シンプル具材でうまさ引き立つ

ねぎだけで作ると、甘さと食感が引き立ちます。長ねぎ、青ねぎなどをミックスしてもおいしいです。

調理 POINT：白玉粉は先に水で溶く

生地を作る時は、最初に白玉粉を分量の水でしっかり溶きましょう。そのまま一気に入れてしまうとダマになり、失敗の原因に！

一気に作って余ったら……

お弁当に入れるのもおすすめ。温め直す時はアルミホイルにのせてトースターで焼いてもいいですよ。

ここで仲間と
BBQするのが大好き!
ガーデンキッチンのこと

パパと一緒に仕上げたガーデンキッチン

熊本に引っ越してきたばかりの頃は、新しい環境に慣れることや子育て、料理教室などで忙しく、しばらくほったらかしにされていた我が家の庭。ある日、海外YouTuberの素敵なガーデンキッチンを見て「うちもやろう!」と!思い立ったら突っ走るタイプなので(笑)。古くなって変色していたキッチンにペンキを塗ってくれたのはパパ。私は飾りつけとグリーン担当。ガーデンキッチンは、昼夜通して大勢で集まってBBQしたり、盛り上がったりするために作ったので、夜でも明るいようにライトも自分たちの手で取り付けました。子供たちもしょっちゅう友達を連れてくるんですよ(笑)。

プランターではハーブ類や
野菜の栽培も

ガーデンキッチンの前の庭にテーブルを出して友人たちと食事を楽しむこともあります。隣家との距離がものすごく離れているので、どれだけ騒いでも大丈夫なのが田舎のいいところ。

夜用のライトを取り付けたあとは、気分が盛り上がってきてどんどんアイデアが湧いてきましたね。プランターに野菜やハーブの種を植えたり、ドライフラワーを飾ったり……。ローズマリー、タイム、ミント、セージ、イタリアンパセリといったハーブ類や、レタス、チンゲン菜、パクチーなどの野菜類、豆類なんかを育てています。

いずれはこの
ガーデンキッチンで
動画を撮影したい

ここまで作り込んだガーデンキッチン、いずれはここで動画の撮影もしようと思っています。これまでも、YouTubeのコメント欄では「庭が見たいです」という声をいただいているので、そろそろ応えなければ！　ちなみに、キッチンはリフォーム前に家の中で使っていたものを移築しました。

元気ママの
野菜ダレ
レシピ

野菜はもちろん、肉もおいしく食べられる手作りダレを2種類ご紹介。活用レシピも参考にしてみて下さいね。

激うま！
甘辛ダレ

材料

長ねぎ……10cm
にんにく……1かけ

A | コチュジャン……大さじ2
　　 | 砂糖……大さじ1
　　 | みりん……大さじ1
　　 | ごま油……大さじ1
　　 | 白すりごま
　　 | 　　……大さじ1と1/2

作り方

1　長ねぎは小口切りに、にんにくはすりおろす。

2　1とAをよく混ぜ合わせる。

冷蔵
7日

にんにく
みそディップ

材料

にんにく……1かけ

A | 砂糖……小さじ1
　　 | 酢……大さじ2
　　 | みそ……大さじ2
　　 | オリーブ油……大さじ2

作り方

1　にんにくはすりおろす。

2　1とAをすべて混ぜ合わせる。

冷蔵
2週間

にんにくみそディップ

濃厚な味と風味が楽しめるディップは、生野菜に合います。
好きな野菜、なんでもつけて食べてみて！

キャベツがもりもり進む！
シンプルな
キャベツあえ

材料
キャベツ
にんにくみそディップ

作り方
1 キャベツは太めのせん切りにしてボウルに入れる。

2 1ににんにくみそディップを入れてあえる。

野菜をポリポリ！ お手軽副菜
野菜スティック

材料
きゅうり、にんじん、大根などお好みの野菜
にんにくみそディップ

作り方
1 野菜をスティック状に切り、にんにくみそディップを添える。

激うま！甘辛ダレ

コチュジャンが入った甘辛のタレ。ビビンバや
ポッサムなどおうちで手軽に韓国風味に仕上がります！

野菜ナムルがお手軽に！
ビビンバ

材料
にんじん、ほうれん草、もやしなどお好みの
野菜
ご飯
砂糖　塩　ごま油　白すりごま
激うま！甘辛ダレ

作り方
1 湯を沸かし、細切りにしたにんじん、
もやしを順番にさっとゆでてざるにあ
げる。ほうれん草もさっとゆでてて水
気を絞り、食べやすい大きさに切る。

2 **1**をそれぞれ砂糖、塩、ごま油、白す
りごま各少々で下味を付ける。すべ
てご飯にのせ、タレを添える。

冷蔵庫にある野菜を何でも巻こう
豚バラ巻き

材料
玉ねぎ、ズッキーニなどお好みの野菜
豚バラ肉（薄切り）……野菜を巻ける量
酒　塩　こしょう
激うま！甘辛ダレ

作り方
1 野菜はすべて一口大に切り、豚肉で
巻く。

2 フライパンを熱し、豚肉の巻き終わり
を下にして並べ入れ、塩、こしょう各
少々をふる。焼き目がついたら返し、
再び軽く塩、こしょう各少々をふる。酒
少々をふって蓋をして蒸し焼きにする。

3 3分ほど経ったら蓋を外して水気を飛
ばし、焼き目を付ける。皿に盛り、タレを
添える。

野菜たっぷりでほおばる豚バラ！

野菜たっぷりポッサム

材料 (3~4 人分)

豚バラ肉（塊）……500g

しょうが……2~3枚

リーフレタス、大葉、きゅうり、セロリ、にら、
かいわれ大根などお好みの野菜

塩　激うま！甘辛ダレ

作り方

1 豚肉に塩大さじ 1/2 をすりこみ、ラップをして 1~3 日ほど冷蔵庫に置く。

2 鍋に豚肉とたっぷりの水、薄切りにしたしょうがを入れる。沸騰したら弱火にし、蓋をして 30 分ゆでる。火を消してそのまま 10~20 分余熱で火を通す。

3 **2** を薄切りにして、リーフレタス、せん切りにしたきゅうり、セロリ、ざく切りにしたにらなど、お好みの野菜とともに皿に盛り、タレを添える。

POINT 1
しょうがを入れてゆでることで肉のくさみが気にならなくなります。

POINT 2
リーフレタスに野菜、豚肉、タレの順にのせ、豪快に巻いて食べて！

元気ママ流！野菜の蒸し方

元気ママの野菜レシピは、蒸し料理が多いのが特徴。
野菜を蒸すと、栄養をたっぷりとることができます。

蓋付き鍋やフライパンで蒸す

野菜をお湯でゆでると、どうしても栄養が水に流れてしまいがち。野菜は蓋付きのフライパンや鍋で蒸すと、栄養価の面だけでなく湯を沸かす手間も省けて時短になります。野菜の種類や調理方法に合わせて、火の通し加減を調整して下さい。

オリーブオイル蒸し

元気ママの定番レシピが、野菜のオリーブオイル蒸し。にんじんや白菜、ズッキーニ、きのこ類などにオリーブオイルをひと回し加え、蓋をして加熱すると、野菜がツヤっと蒸し上がります。葉野菜なら大量消費できるし、根菜なら驚きの柔らか食感が楽しめます。

電子レンジでチン！

大根やにんじんといった根菜の下ゆでや、さっと野菜を加熱したい時などは、ふわっとラップをかけて電子レンジで蒸して。煮込み料理の時短にもなるし、柔らかく加熱した野菜に味付けすれば、もうそれで立派な一品に！

第4章

映えだって重要！

彩り豊かな
取り分け
パーティーレシピ

皆でたっぷり野菜を食べるなら、
ちょっと買い物を頑張って、
カラフルなパーティーレシピはどうでしょう。
具材たっぷりのハンバーグピザやカルボナーラ、
オーブン焼きなど、手が凝っているように見える
大人数用レシピが、実は簡単に作れるのです。
騙されたと思って、ぜひ試してみて！

＼映え具材はコレ！／

ブロッコリー（小房に分ける）

ミニトマト（半分に切る）

玉ねぎ（薄切り）

コーン缶（水気を切る）

パプリカ（細切り）

黒オリーブ（輪切り）

材料（4人分）

具材	ミニトマト……5個
	パプリカ……1/4個
	玉ねぎ……1/4個
	ブロッコリー……1/6個
	黒オリーブ……5~6個
	コーン缶……大さじ3

ピザ用チーズ……ふたつかみ

塩

ハンバーグのタネ	玉ねぎ……1/4個
	（みじん切り）
	合いびき肉……250g
	卵……1個
	牛乳……大さじ1
	ケチャップ……大さじ2
	パン粉……大さじ4
	ナツメグ（あれば）……少々
	塩……小さじ1/2
	黒こしょう……少々

作り方

1 具材を上の写真のように切る。オーブンは180度に予熱する。

2 ハンバーグのタネの材料をすべてポリ袋に入れ、粘りが出るまでこねる。

3 オーブンの天板にオーブンシートを敷き、2を1cm程度の厚さに丸く広げる。具材の野菜を彩りよくのせ、野菜めがけて軽く塩をふる。チーズを全体にちらす。

4 180度のオーブンで15分ほど焼く。お好みでバジルやパセリをちらす。

POINT 1
ポリ袋に入れてこねると手が汚れずラクです。ポリ袋のまま冷蔵で2日保存も可能。作る時に軽くこねてね。

POINT 2
タネの厚さは1cmくらいに薄くのばすのがポイント。厚すぎると、中まで火が通らないことがあるので注意！

野菜もしっかり食べられるご馳走！

ハンバーグピザ

\映え具材はコレ！/

コーン缶（水気を切る）

ハム（半分に切ってから細切り）

きゅうり（1cm角に切る）

アボカド（1cm角に切る）

黒オリーブ（半分に切る）

プロセスチーズ（1cm角に切る）

ミニトマト（縦4等分に切る）

材料（4人分）

ショートパスタ……200g

きゅうり……1本

ミニトマト……5〜6個

アボカド……1/2個

黒オリーブ（あれば）……10個

ハム……8〜10枚

コーン缶……大さじ山盛り3

プロセスチーズ……80g

オリーブ油

作り方

1 **さっぱりチーズドレッシング**を作る。にんにくはすりおろし、すべての材料をボウルに入れてよく混ぜる。

2 **シーザードレッシング**を作る。にんにくはすりおろし、すべての材料をボウルに入れてよく混ぜる。

3 具材を上の写真のように切る。ショートパスタは柔らかめにゆでる。パスタの湯を切り、大きめのボウルに入れ、油少々をかけて軽く混ぜる。

4 パスタを皿に盛り、具材を放射状にトッピングし、**さっぱりチーズドレッシング**を全体にかける。食べる直前にテーブルであえていただく。途中で**シーザードレッシング**をプラスして味変しても。

さっぱりチーズドレッシング

にんにく……1かけ
粉チーズ……大さじ3
砂糖……小さじ1/2
塩……小さじ1/2
黒こしょう……少々
酢……大さじ1
オリーブ油……大さじ3

シーザードレッシング

にんにく……1かけ
プレーンヨーグルト……大さじ3
マヨネーズ……大さじ3
粉チーズ……大さじ3
塩……少々
黒こしょう……少々
オリーブ油……大さじ2

POINT
具材は放射状に、隣同士が同じ色にならないように意識して並べると彩りがよくなります。

\映え具材はコレ！/

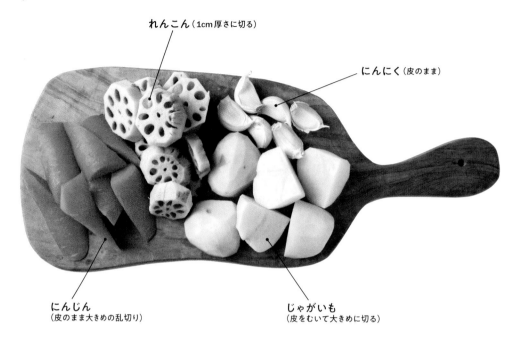

れんこん（1cm厚さに切る）

にんにく（皮のまま）

にんじん
（皮のまま大きめの乱切り）

じゃがいも
（皮をむいて大きめに切る）

材料 (4人分)

鶏もも肉……2枚（500g）
じゃがいも……2個
にんじん……大1本
れんこん……10cm
にんにく……6かけ
ローズマリー、タイム
　……2〜3本（どちらかだけでも）
塩　こしょう　オリーブ油

作り方

1 野菜を上の写真のように切る。オーブンを200度に予熱する。鶏肉は厚い部分を開き、余分な脂を取ったら包丁の先かフォークで皮目を数か所刺し、塩、こしょう各少々を全体に塗り込む。

2 オーブン対応の鍋に野菜をすべて入れ、全体に油大さじ2を回しかけ、塩少々をふり、全体を混ぜる。

3 野菜の上に鶏肉を皮目を上にしてのせる。ハーブをちぎってちらし、蓋をする。200度のオーブンで35〜40分焼き、加熱後はそのまま庫内で15〜20分ほど置く。お好みでマスタードやしょうゆを添えても。にんにくは皮の中でトロトロになっているので、ソースになりますよ。

POINT 1
鶏肉の余分な脂はできるだけ丁寧に取るとくさみがなくなり、よりおいしくなります。

POINT 2
野菜にオリーブ油と塩をかけたら、軽く混ぜて野菜になじませることでほっくり甘く仕上がります。

鶏肉とハーブの風味が野菜に行きわたる
鶏もも肉と根菜のハーブグリル

映え具材はコレ！

アスパラガス（2cm長さに切る）

ウインナー（1cm幅の輪切り）

パプリカ（1cm角に切る）

しめじ（石づきを取り、ほぐす）

ズッキーニ（1cm幅の輪切り）

材料 (2人分)

スパゲッティ……160g
ウインナー……4〜5本
アスパラガス……2〜3本
ズッキーニ……1/2本
パプリカ……1/2個
しめじ……1/2パック
塩　黒こしょう
オリーブ油　粉チーズ

A | 卵黄……2個分
生クリーム……50ml
粉チーズ……大さじ5
塩……ひとつまみ
黒こしょう……少々
オリーブ油……小さじ1

作り方

1 具材を上の写真のように切る。スパゲッティは半分に折っておく。大きめのボウルに**A**の材料を入れてよく混ぜ合わせる。

2 2ℓの湯に塩大さじ1強を入れ、スパゲッティを表示の時間より1分ほど長くゆでる。

3 スパゲッティをゆでている間にフライパンに油大さじ1を熱し、ウインナー、アスパラガス、ズッキーニ、パプリカ、しめじを炒め、塩、黒こしょう各少々をふる。

4 **A**を再びよく混ぜ、湯をよく切ったスパゲッティを入れ手早くよくあえる。皿に盛り、**3**をトッピングする。粉チーズをふる。

POINT 1
Aのソースは、あえ始めはさらっとしていますが、混ぜるうちにもったりと濃厚になっていきますよ。

POINT 2
野菜は最後に飾ります。パーティー料理にぴったりな華やかな逸品に仕上がります！

濃厚ソースとこんがり野菜の相性バツグン

お野菜たっぷり簡単カルボナーラ

\映え具材はコレ！/

レタス（食べやすい大きさにちぎる）

ちくわ
（5mm幅の輪切り）

わかめ
（食べやすい
大きさに切る）

ちりめんじゃこ
（トースターで焼く）

大葉（手でちぎる）

きゅうり（斜め薄切り）

かいわれ大根（ざく切り）

材料（4人分）

レタス……2〜3枚
きゅうり……1本
かいわれ大根……1パック
大葉……5枚
乾燥わかめ……大さじ2
（水で戻す）
ちくわ……1本
ちりめんじゃこ……大さじ3

ド|ポン酢……大さじ3
レ|ごま油……大さじ2
ッ|白すりごま……大さじ1
シ|ゆずこしょう
ン|　　　　……小さじ1/4
グ|

作り方

1 具材を上の写真のように切る。ボウルに**ドレッシング**の材料を入れて混ぜ合わせる。

2 大きめのボウルにサラダの材料を入れ、**ドレッシング**をかけて、手でふんわりと混ぜ合わせる。

POINT 1
ちりめんじゃこはアルミホイルを敷いてトースターなどで焼くかフライパンで乾煎りするとカリカリに！

POINT 2
ゆずこしょうが決め手のドレッシングは、食べる直前にかけ、手でふんわりと混ぜ合わせましょう。

野菜の数を自由に増やして楽しんで！
7品目サラダ

\映え具材はコレ！/

レタス（一口大に切る）

ゆで卵
（5mm幅の輪切り）

ミニトマト
（半分に切る）

黒オリーブ
（半分に切る）

鶏むね肉

きゅうり（1cm角に切る）

材料（4人分）

レタス……1/2個
きゅうり……1本
ミニトマト……1パック
黒オリーブ……適量
ゆで卵……2～3個
鶏むね肉……1枚
カレー粉……適量
ハーブソルト（あれば）……適量

ハニーマスタードドレッシング

プレーンヨーグルト
　　　……大さじ2～3
マスタード……大さじ1
はちみつ……大さじ1
塩……小さじ2/3
黒こしょう……少々
白ワインビネガー
　　……大さじ1（なければ酢）
オリーブ油……大さじ2

作り方

1 具材を上の写真のように切る。鶏むね肉は皮を取り、厚い部分は開き、全体にハーブソルトとカレー粉をふり、魚焼きグリルで10～12分ほど焼く。粗熱が取れたら手で細かくさく。

2 ハニーマスタードドレッシングの材料をボウルに入れ、混ぜ合わせる。

3 大きめの器にレタスを敷く。上から筋状に具材を彩りよくのせ、食べる直前にドレッシングをかける。

POINT 1
鶏肉はカレー粉をふって、味付けします。粗熱が取れたあと手でさくと、ドレッシングがからみやすい！

POINT 2
具材を筋状に並べることで美しい見た目に！　鶏肉はしっかりめに味をつけると野菜との相性がよくなります。

カレー味の鶏むね肉で食べごたえアップ！
ごちそうサラダ

\映え具材はコレ！/

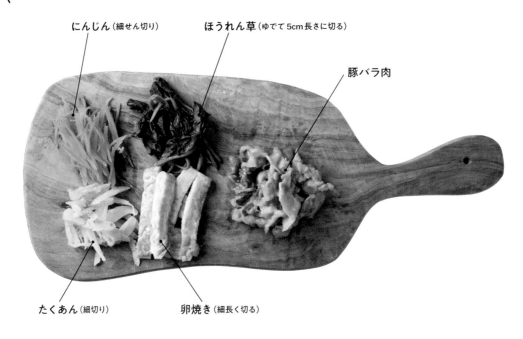

にんじん (細せん切り)
ほうれん草 (ゆでて5cm長さに切る)
豚バラ肉
たくあん (細切り)
卵焼き (細長く切る)

材料 (4人分)

豚バラ肉 (しゃぶしゃぶ用)……
100g
卵焼き……卵2個分
にんじん……1/2本
ほうれん草……1/2束
たくあん……適量
焼きのり……4〜6枚
温かいご飯……250g
焼き肉のたれ……適量
だししょうゆ　塩　ごま油
白いりごま

作り方

1 具材を上の写真のように切る。豚肉は焼き肉のたれで炒める。にんじんは耐熱容器に入れ油、塩各少々を回しかけて電子レンジで1分加熱する。ほうれん草にだししょうゆ少々をかける。のりは十字に4等分にする。ご飯は油小さじ1と塩少々をふって混ぜておく。

2 のりのざらざらした方を上にしてまな板の上に置き、ご飯を薄く広げる。その上に、好きな具を組み合わせてのせて巻いていく。

3 のりの巻き終わりを下にして置き、ハケ等で表面に油を塗り、塩少々、白いりごまをふる。

POINT 1
ご飯の量はティースプーン2杯分くらいが目安。上の方を少しあけておくと巻きやすいです。

POINT 2
具材をのせすぎるとのりがはがれてしまうので、3種類くらいが◎。両端にはみ出すように巻いてみて！

ごま油の風味で野菜がパクパク食べられる！

ミニキンパ

\映え具材はコレ！/

エリンギ（石づきを取り、7mm角に切る）

なす（7mm角に切る）

ピーマン（7mm角に切る）

かいわれ大根（根を切る）

きゅうり（せん切り）

材料（4人分）

そうめん……4束
きゅうり……1本
かいわれ大根……1パック

肉みその具材
豚ひき肉……250g
なす……3本
ピーマン……5〜6個
エリンギ……適量
にんにく……1かけ
しょうが……1かけ
長ねぎ……1/2本分

豆板醤……小さじ1
塩……少々

水溶き片栗粉……
片栗粉大さじ1
（倍量の水で溶く）

ごま油　花椒（パウダー）

A
甜麺醤……大さじ4
鶏がらスープの素……小さじ2
紹興酒……大さじ2
砂糖……大さじ1
酢……大さじ1
しょうゆ……小さじ1
みそ……大さじ3
水……400㎖

作り方

1 野菜を上の写真のように切る。**肉みそ**を作る。にんにく、しょうが、長ねぎはみじん切りにする。フライパンに油大さじ1を熱し、にんにく、しょうが、ひき肉の順番に入れて炒め、長ねぎ以外の具材、豆板醤、塩を入れて炒める。

2 **1**に**A**を入れ、沸騰したら5分ほど煮つめる。水溶き片栗粉を少しずつ加え、好みの固さに仕上げる。

3 **2**に長ねぎを入れて混ぜ、火を止め、花椒少々をふる。

4 そうめんを袋の表示どおりゆでる。ざるにあげて冷水で冷やし、水気を切って皿に盛る。食べる時にきゅうり、かいわれ大根をのせ、熱々の**3**をかける。

POINT
水溶き片栗粉は肉みそを混ぜた時に鍋の底が見えるくらいの固さを目安に、様子を見ながら加えて下さい。

濃厚肉みそのピリ辛風味がクセになる!
ジャージャー麺風そうめん

\映え具材はコレ！/

じゃがいも
（皮をむいて1cm幅の輪切り）

ズッキーニ
（5mm幅の輪切り）

玉ねぎ
（5mm幅の輪切り）

にんじん
（皮のまま大きめの
乱切り）

ブロッコリー（小房に分ける）

ミニトマト（半分に切る）

材料（4人分）

いさきなどの白身魚……
1尾（オーブンに入る大きさの魚）
じゃがいも……中2個
にんじん……1本
玉ねぎ……中1個
ミニトマト……7～8個
ブロッコリー……1/4個
ズッキーニ……1/2本
にんにく……4かけ
タイムやローズマリー……
2～3本（どちらかだけでも）
塩　オリーブ油

作り方

1 野菜を上の写真のように切る。にんにくは薄切りにする。魚はウロコや内臓を取り、全体に塩をふって10分ほど置き、キッチンペーパーで水分を拭き取る。オーブンを220度に予熱する。

2 オーブンの天板にオーブンシートを敷き、野菜を並べて油と塩を全体に回しかける。

3 **2**の上に魚をのせ、にんにくを腹の中にはさみ、残ったにんにくは上にのせる。油も魚の腹の中と表面にふり、全体に塩をふりハーブをちらす。

4 220度のオーブンで20～30分ほど焼く。

POINT 1
オリーブ油と塩を野菜全体に回しかけます。こうすることで焼いた時に野菜自体の味が引き立ちます。

POINT 2
魚のお腹の中にもにんにくを入れましょう。魚のくさみが取れ、香り豊かに仕上がります！

淡泊な白身魚にハーブの風味が染み込む

魚と野菜のオーブン焼き

料理教室が開けない……

YouTuberとしての元気ママのこと

見たこともなかった
YouTubeを始めた理由

動画の撮影を始めたのは、いくつかきっかけがあったのですが、まずは子どもの受験や親の介護など、家庭での仕事が大変になってしまって、料理教室がなかなか開けなくなってしまったからというのがあります。また、熊本のテレビ番組にいくつも出演させていただきましたが、「もっと自由に料理を表現したい」と思ったこともあり、「そうだ、YouTubeをやってみよう」と突然思い立ったんです。

それまで、私はYouTubeはまったく見ていませんでしたし、子どもが見ていたら「またYouTubeばっかり見て」と怒っていたくらい（笑）。でも、いざ見始めてみると、役に立つ動画がたくさんあるんだなぁと感じました。

ひたすら勉強＆編集作業に
時間を捧げる日々

動画は、料理の準備から撮影、編集まですべて一人でやっています。始めた当初はとにかく何をどうすればいいのかわからなくて、1日に何時間もYouTubeのことを勉強しました。

料理を作りながら話すというのは、料理教室とあまり変わらないので慣れているのですが（それでも、料理しながらカメラの位置を変えなくてはいけないので大変！）、最大限に苦労するのが動画の編集。始めよりはだいぶスピードアップしましたが、およそ8分の動画で12時間くらいはかかります。編集の合間に愛犬・さくらと遊んで癒され、1本の動画を作り終えたらバタッと倒れます（笑）。

伸び悩んだ再生数、でも
1年は続けると決めていた

そうして始めてみても、再生数はなかなか伸びないもの。YouTubeは、まずは1000人のチャンネル登録者数がいないと収益になりません。「料理教室の大事な大事なレシピを無料で公開するなんて……」と、やめたくなったこともしばしば。でも、1年はがんばってみようと続けていたところ、半年で1000人を達成。ようやく仕事としての動画作りに頭を切り替えることができました。YouTubeを始めてから、1年4か月（本書撮影時）がたちました。熊本だけでなく、いろいろなところに住む皆様のお役に立ちたいという気持ちがモチベーションになっています。温かなコメントにも元気とやる気をいただいています！

元気ママ流！うまみの話

せっかく野菜を食べるなら、その野菜を最大限に楽しみたいもの。
元気ママは普段、どのように野菜のうまみを引き出しているのでしょうか。

スープに煮出す

「豪快！野菜たっぷりポトフ」（P114）では、具材を大きめに切ってじっくり煮込むことでうまみあふれるスープに！野菜はもちろん、肉のうまみがスープに染み出します。このレシピでは、中でもトマトの存在が重要。うまみ成分のグルタミン酸がたっぷり入っていて、酸味と甘みがスープに行きわたり、全体をまとめてくれます。

じっくり炒める

「最強の無限ピーマン」（P47）では、弱火でじっくり炒める方法でピーマンの甘みを引き出しています。コツはへらや菜箸で混ぜすぎないこと。しばらく触らずに放っておくことで、ほどよく水分が抜けて焼き目が付き、うまみが引き立つのです。

ほっこり蒸し焼きに

にんじんをじっくり加熱することで、うまみを引き出す「ほっこり蒸し焼きにんじん」（P61）。しっかり味付けしなくても塩、水、オリーブオイルを加えて蒸すだけで、野菜本来のうまみが引き出されます。ぜひ他の野菜でも試してみて！

第5章

この一杯で栄養摂取！

野菜たっぷり！
スープ＆
みそ汁レシピ

毎日毎日、野菜を意識して料理するのは疲れるもの。
一番の解決策はスープ＆みそ汁！
鍋いっぱいに野菜を入れて煮込めば
翌日以降のストックにもなるし、
余り野菜をみそ汁の具材にすれば、
それだけで忙しい日の立派なおかずです。
溶け出した栄養いっぱいのスープをたっぷり味わって。

ゴロゴロ野菜のうまみがスープににじみ出る
豪快！野菜たっぷりポトフ

材料 (4人分)

キャベツ……1/4個（半分に切る）
玉ねぎ……1個（4等分のくし形に切る）
にんじん……大1本（皮付きのまま大きめの乱切り）
じゃがいも……2個（4等分に切る）
トマト……3個（4等分に切る）
にんにく……3〜4かけ（皮をむいてつぶす）
ソーセージ（大きめ）……3本（半分に切る）
ローリエ……1枚
顆粒コンソメ　白ワイン　オリーブ油

作り方

1

鍋に材料と水を入れる

鍋に野菜、ソーセージ、ローリエ、具材がひたひたになるくらいの水を入れる。

2

鍋を火にかける

1を強火にかけて沸騰したらコンソメ小さじ2、白ワイン大さじ2、油大さじ1を入れる。

3

材料を煮込む

蓋を少しずらしてのせ、クツクツするくらいの火加減で40分ほど煮る。食べる時にお好みで塩や黒こしょう、粉チーズ、オリーブ油を入れても。

おいしさ POINT

キャベツやトマトなど野菜の甘みがスープにどんどん出てきます。ゴロゴロ大きめに切っても、しっかり煮込むことで柔らかくなり、とってもおいしくなりますよ！

野菜不足に効く一杯！
たっぷり野菜のトマトスープ

おいしさ POINT

たくさん野菜が入って栄養たっぷり！うちの子供も大好きです。薄味に仕上げて食べる時に好みで塩やオリーブ油、粉チーズ、黒こしょうをかけて。

材料（4人分）

キャベツ……1/4個
玉ねぎ……1個
じゃがいも……1個
にんじん……1本
ブロッコリー……1/4個
エリンギ、しいたけ、しめじ、まいたけなど、お好みのきのこ……適量
にんにく……4～5かけ
トマトジュース……300～400mℓ
顆粒コンソメ　オリーブ油

作り方

1 野菜ときのこはすべて1cm角に切る。にんにくはつぶして粗みじん切りにする。

2 鍋に油大さじ2を熱し、にんにくを炒め、続いて野菜を入れて5分ほど炒める。

3 野菜がツヤツヤして少しカサが減ったらトマトジュースを入れ、野菜がひたひたになるくらいの水を入れる。

4 沸騰したらコンソメ小さじ2を入れ、蓋を少しずらし、弱めの中火で40分ほど煮込む。

サムゲタン風に仕上げる！
骨付き鶏肉と大根のスープ

おいしPOINT

鶏肉の骨からのだしと、干ししいたけの戻し汁がいいスープになります。器に盛って、ゆずこしょう、一味唐辛子、柑橘類の搾り汁を入れてもおいしいですよ！

材料（4人分）

鶏骨付き肉（ぶつ切り）……500g
大根……1/2本（500g）
長ねぎ……1本
干ししいたけ……2〜3個
にんにく……3かけ
しょうが……2かけ
米……大さじ2（洗っておく）
酒　塩

作り方

1 鶏肉は塩小さじ1を揉み込んで20分以上置く。大根は皮をむいて1.5cm角に、長ねぎは3〜4cmに切る。干ししいたけはひたひたの水で戻し、石づきを取って細切りにする。戻し汁は取っておく。にんにくは皮をむき、しょうがは皮ごと薄切りにする。

2 鍋に**1**、水1200mℓ、酒50mℓ、米、しいたけの戻し汁すべてを入れ、強火にかける。沸騰したらアクを取り、蓋をずらしてのせて中火にかけ、40分ほど煮る。

3 スープが2/3くらいに減ったら味を見て、塩で味をととのえる。蓋をして弱火でさらに15分煮る。

サラッと飽きない元気ママ定番スープ
とろとろ白菜のミルクスープ

おいしさ
POINT

サラッと飲むのもいいけれど、とろみが欲しかったら水溶き片栗粉を加えると食べごたえが増します！ 食べる時にオリーブ油や粉チーズをふってもおいしいですよ。

材料（4人分）

白菜……3～4枚
玉ねぎ……中1個
エリンギ、しいたけ、しめじ、まいたけなどお好みのきのこ……適量
じゃがいも……1個
にんにく……2かけ
ベーコン……4～5枚
牛乳……400㎖
ハーブソルト（あれば）
顆粒コンソメ
白ワイン　塩　黒こしょう
オリーブ油

作り方

1 野菜ときのこは1cm角に切る。ベーコンは細切りにする。にんにくはつぶして粗みじん切りにする。

2 鍋に油大さじ2を熱し、にんにくとベーコンを入れ、炒める。香りが立ったら白菜の芯、玉ねぎを入れて炒め合わせる。

3 2に残りの野菜ときのこ、白ワイン大さじ2、ハーブソルト小さじ1を加える。全体を混ぜ、水400㎖、牛乳、コンソメ小さじ2を入れ、ひと煮立ちしたらアクを取る。中弱火で20分ほど煮込み、塩少々で味をととのえ、黒こしょう少々をふる。

簡単ガスパチョ風スープ

おいしき POINT

夏に必要な栄養素がたくさん含まれた夏野菜をミキサーでスープに。ゴクゴク飲めるので、おいしく栄養補給できます。夏バテ予防にもなりますよ！

材料（4人分）

トマト……3個
赤ピーマン……1個
きゅうり……1本
にんにく……1/2かけ

A | トマトジュース……300mℓ
　　　| 氷……5～6個
　　　| クミン（あれば）……少々
　　　| 塩……ひとつまみ
　　　| こしょう……少々
　　　| 酢……大さじ1
　　　| オリーブ油……大さじ2

作り方

1 トマトは4等分にする。赤ピーマンは半分に切る。きゅうりは大きめに切る。にんにくはすりおろす。

2 1とAをすべてミキサーに入れ、なめらかになるまで攪拌する。お好みでオリーブ油とタイムを散らす。

野菜の甘さがほっこり感じられる
かぼちゃとにんじんのポタージュ

おいしさPOINT

カロテン豊富で栄養価の高いかぼちゃとにんじんをスープで手軽に！にんじんとかぼちゃをしっかり加熱することで甘みが出ます。温めても冷やしても◎。

材料（4人分）

かぼちゃ……1/6個（250g）
にんじん……1本
牛乳……400mℓ
塩　黒こしょう
オリーブ油

作り方

1 かぼちゃとにんじんは一口大に切る。

2 **1**を耐熱容器に入れ、水大さじ2を回しかける。ふんわりとラップをして電子レンジで柔らかくなるまで5〜6分加熱する。

3 ミキサーに**2**、牛乳、油小さじ1〜2、塩小さじ1/2を入れてよく攪拌し、黒こしょう少々をふる。

キャベツの甘みが広がる最強みそ汁
キャベツたっぷり豚汁

おいしさ POINT
キャベツは胃の粘膜を修復する、ビタミンU（キャベジン）が含まれています。なので、疲れた胃に優しい！翌日まで置いてもおいしいので、我が家ではたっぷり作ります。

材料（4人分）

豚バラ肉（しゃぶしゃぶ用）
　　　　……200g
キャベツ……1/4個
昆布……5×10cm
酒　塩　薄口しょうゆ
みそ　ごま油

作り方

1 豚肉は食べやすい大きさに切る。キャベツはざく切りにする。昆布はハサミで1cm角に切る。

2 大きめの鍋に油大さじ1、豚肉、塩ひとつまみを入れて中火にかけ、軽く炒め、酒大さじ2、キャベツを加えて全体に油を回す。

3 2に水800㎖、昆布、薄口しょうゆ小さじ2を加えてキャベツと昆布が柔らかくなるまで煮込む。

4 一旦火を止めてみそ大さじ3を溶き、再び火をつけてひと煮立ちさせる。

煮干し粉を使って、だしいらず！
豆腐とわかめの豆乳みそ汁

おいしさ POINT

煮干し粉はカルシウム＆うまみたっぷり！　豆腐、豆乳、みそと、大豆の栄養もしっかり摂ることができます。

材料（4人分）

絹ごし豆腐……1丁（400g）
乾燥わかめ……大さじ2（水で戻す）
煮干し粉……大さじ2
無調整豆乳……100㎖
みそ

作り方

1 鍋に煮干し粉を入れ、香ばしい香りがするまで煎る。

2 1をいったん火から外し、水500㎖を入れる。再び火にかけ、沸騰したら豆乳を加え、みそ大さじ4を溶く。

3 豆腐を手でくずしながら入れる。わかめを加え、ひと煮たちさせたら火を止める。

煮干し粉を煎る　煮干し粉は、煮干しを粉末にしたもので、簡単にだしが取れる優れもの。スーパーなどで購入できます。

３つのきのこでうまみアップ！
３種のきのこの豆乳みそ汁

材料（4人分）
しいたけ……2〜3個
しめじ……1/2パック
まいたけ……1/2パック
煮干し粉……大さじ2
無調整豆乳……100㎖
みそ

作り方
1 きのこ類は石づきを取り、粗く刻む。

2 鍋に煮干し粉を入れ、煎る。

3 2をいったん火から外し、水500㎖を入れる。再び火にかけ沸騰したら豆乳ときのこ類を入れ、みそ大さじ4を溶き、ひと煮たちさせる。

ご飯にかけて召し上がれ！
激うま！簡単冷や汁

材料（4人分）
きゅうり……2本（薄い輪切り）
絹ごし豆腐……1丁（400g）
煮干し粉……大さじ5
温かいご飯……適量
塩　みそ　白すりごま

作り方
1 きゅうりは塩小さじ1/2をふり5分置き、水気を絞って薄い輪切りに。鍋で煮干し粉を煎る。

2 大きめのボウルに豆腐1/3量、煮干し粉、みそ大さじ4を入れ、水400㎖を少しずつ加えながら泡立て器でなめらかになるまで混ぜる。残りの豆腐を手でつぶして入れ、さっくり混ぜる。

3 2にきゅうりと白すりごま大さじ2を入れ、軽く混ぜたらご飯にたっぷりかける。

ごぼうの風味と豆乳のうまみに感動！
豚バラとごぼうと小松菜の豆乳みそ汁

おいしさPOINT

滋味深いおいしさのみそ汁です。昆布はカットしておくとそのまま具材として食べられ、栄養も摂れます。昆布がなければ、顆粒昆布だし（小さじ1）でもいいですよ！

材料（4人分）

豚バラ肉（しゃぶしゃぶ用）
……150～200g
ごぼう……1/4本（100g）
小松菜……1/2束（100g）
昆布……10cm角
無調整豆乳……400ml
酒　塩　みそ　ごま油

作り方

1 豚肉は食べやすい大きさに切る。ごぼうは汚れを落として皮付きのままささがきに、小松菜はざく切りにする。昆布は1cm角に切る。

2 鍋に油小さじ1を熱し、豚肉とごぼうをじっくりと炒める。酒大さじ1と塩少々を加える。

3 **2**に火が通ったら水400ml、豆乳、昆布を入れ、煮立ったら火を弱めて5～6分煮る。みそ大さじ3を溶き、小松菜を入れたら、ひと煮立ちさせる。

大根となすの食感がやみつきに！
とろとろ大根とシャキシャキなすのみそ汁

材料（4人分）
大根……1/3本
なす……1本
だし汁……800㎖
みそ

作り方

1 大根は皮のまま1cm角に切り、耐熱容器に入れ、ふんわりラップをして電子レンジで5~6分加熱する。なすは薄切りにする。

2 鍋にだし汁と大根を入れ、煮立ったらみそ大さじ4を溶き入れる。なすを加え、ひと煮立ちさせる。

食べごたえ満点のおかずみそ汁
ブロッコリーと鶏むね肉のみそ汁

材料（4人分）
ブロッコリー……1/2個
鶏むね肉……1枚
だし汁……800㎖
みそ

作り方

1 ブロッコリーは小房に分ける。鶏肉は皮を取り、一口大に切る。

2 鍋にだし汁を入れて沸かし、煮立ったら鶏肉とブロッコリーを入れる。

3 鶏肉に火が通ったら、みそ大さじ4を溶き入れ、ひと煮立ちさせる。

食材別さくいん

元気ママ（廣綱裕子）

料理研究家。16年前に東京から家族で熊本へ移住し、畑の中にある自宅のログハウスで料理教室「FROM MAMA'S KITCHEN」を主宰。おいしいのはもちろん、野菜たっぷりの健康で元気になれるメニューを提案し、幅広い世代の800名を超える地元の生徒さんに愛される。YouTubeチャンネル「元気ママキッチン」は登録者数12万人を超え、簡単・時短でできるレシピや便利テクニック、野菜をはじめとする食材の取り扱い方など、食卓ですぐに役に立つおいしい情報を発信している。本書は初の著書となる。

YouTubeチャンネル「元気ママキッチン」
Instagram @genkimamakitchen
オフィシャルブログ「元気ママキッチン」
https://ameblo.jp/fmk555staff

面倒なことしない！ 野菜をすんごく おいしく食べるレシピ

2021年5月26日　初版発行

著者
元気ママ

発行者
青柳昌行

発行
株式会社KADOKAWA
〒102-8177　東京都千代田区富士見2-13-3
電話0570-002-301（ナビダイヤル）

印刷所
凸版印刷株式会社

・お問い合わせ
https://www.kadokawa.co.jp/ （「お問い合わせ」へお進みください）
※内容によっては、お答えできない場合があります。
※サポートは日本国内のみとさせていただきます。
※Japanese text only

定価はカバーに表示してあります。